ZEITTHEMEN

dietz berlin

D1722333

Peter Renchel

Vom Frust, ein *ganzer* Mann zu sein

Dietz Verlag Berlin

Renchel, Peter: Vom Frust, ein ganzer Mann zu sein /
Peter Renchel. – Berlin: Dietz Verl. GmbH, 1991. – 167 S.
(Zeitthemen)

ISBN 3-320-01764-0

© Dietz Verlag Berlin GmbH, 1991
Reihengestaltung: Gerhard Medoch
Umschlag: Michaela Barthel
unter Verwendung eines Fotos von Dieter Basse
Printed in Germany
Gesamtherstellung:
Leipziger Verlags- und Druckereigesellschaft mbH

Anstelle einer Einleitung — ein Bekenntnis

»Sie lieben, was ein Mann so Liebe nennt:
die schlanken Beine und natürlich das dazwischen.
Sie lieben, was verbindet und was trennt
und Frauen, die ihnen ein gutes Mahl auftischen.

Sie lieben ihre eigene Macht und Herrlichkeit
und wollen die Frauen formen wie weichen Ton.
Sehr leicht erschrecken sie vor Geist und Ehrlichkeit
und ihrer Spur von Emanzipation.

Sie lieben Frauen, welche sie verstehen,
doch meinen sie meistens nur das eine,
sie lieben innerhalb und außerhalb der Ehen
und kommen selten mit sich selbst ins reine.

In Deutschland sehen sich die meisten Männer
als Frauenopfer oder Frauenkenner.
Zwar gibt es andere Männer auch zur Zeit,
doch nur als radikale, kleine Minderheit.«*

Erich Fried

Männer haben Konjunktur. Der sich vervielfältigenden Beschäftigung mit diesem Thema einen weiteren Text hinzuzufügen, könnte als Eulen nach Athen tragen gedeutet werden — ist es aber nicht. Denn einerseits ist der Aufbau des Buches kein solcher, wie er in den meisten Abhandlungen über Männer zu finden ist, andererseits dürften auch eine Reihe neuer Befunde und Einsichten zu erwarten sein.

Wenn Männer über sich reden, dann geschieht dies, weil entweder Frauen sie dazu nötigen — die Gründe dafür werden noch zu beleuchten sein — oder weil sie sich selbst und anderen zum Pro-

* Aus: Brigitte, 15. Juli 1987.

blem geworden sind. Beides trifft in dem vorliegenden Fall zu. Beides gab Anstoß zu der folgenden Auseinandersetzung mit dem Thema im allgemeinen, meinem Mann-Werden und Mann-Sein im besonderen.

Was den Aufbau der Texte anbetrifft, so werden diese entlang einer erzählend-interpretierenden Schiene entwickelt. Autobiografie lautet dabei das Stichwort.

Es soll damit der private und zugleich öffentliche Versuch gewagt werden, eine Facette bislang unerforscht und unentdeckt gebliebener Lebensgeschichte als Mann bewußtzumachen, um dem »promethischen Ideal« einer sorgsameren, sozial verträglicheren und emanzipatorischen Wirklichkeitsgestaltung zu entsprechen, aber zugleich auch die Entwicklung innerer Empfindsamkeit zu fördern.

Im Zuge ihrer Entstehung wurden die vorliegenden Texte oftmals von dem etwas gequälten Bewußtsein behindert, sich auf einen recht unbequemen Weg begeben zu müssen bzw. mitunter quer zu gängigen Vorstellungen von Takt, Diskretion oder gar Anstand zu liegen. Sie wurden darüber hinaus bedroht von der Scham, die aus dem öffentlichen Eingeständnis des Unfertigen und Unzulänglichen erwächst, das unmittelbar mit mir, dem Autor, als Schreibendem und Mitteilendem, also als Objekt der Betrachtung zu tun hat. Aber auch die Angst, den selbstgesetzten Zielen und Erwartungen nicht genügen zu können, spielte eine zum Teil erhebliche Rolle.

Schließlich und zuletzt überwog aber doch die Lust am Aufbruch in Neuland. Der Geschmack am Abenteuer, nämlich die kritische Sichtung einer Männerbiografie, behielt die Oberhand. Zu ihr gesellte sich noch die »Wollust der Selbsterkenntnis« und beflügelte Materialsammlung, Zusammenstellung und Schreibübungen. Wenn hier die Rede von »Wollust der Selbsterkenntnis« oder Selbsterforschung ist, so bedarf dies, etwaigen Mißverständnissen vorbeugend, einer kurzen Erklärung.

Es kann und wird nicht, wie die folgenden Überlegungen zeigen, darum gehen, einer »selbstverliebten Zergliederung der Seele« das Wort zu reden. Würde einer solchen, den Sinn und Zweck der Arbeit verfälschenden Neigung stattgegeben, würde also, anders ausgedrückt, das Private und Individuelle, in dem ja auch immer das Öffentliche und Allgemeine aufscheint, nicht eingebettet in einen gesellschaftlichen Zusammenhang, so verkäme die Selbsterkundung alsbald zur eitlen Selbstbespiegelung. Es träte ein, wovor Christina Thürmer-Rohr in ihrem Buch »Mittäterschaft und Entdeckungslust« zu Recht warnt.

»Und so wird die Neigung zur Selbstinspektion ärgerlich, wenn sie egozentrisch bleibt, wenn sie zur Zentrierung der Welt auf den eigenen kleinen Organismus führt, wenn das Ego sich aufbläht und verklemmte Größenphantasien sich innerhalb seiner Grenzen auszutoben beginnen. Sie wird beklemmend, wenn die elende Begrenztheit des Horizonts sich nicht ausweitet, das Ich in seiner Gefängniszelle sitzenbleibt und sich für den Mittelpunkt der Welt hält. Sie wird beunruhigend, wenn der Sehapparat nur noch kleine Flecken sieht, ohne sie zu einer Struktur zusammenzufügen.«[1]

Es geht also darum, schreibend, forschend, ergründend, fragend, reflektierend sich des standardisierten Verhältnisses des Mannes zur Frau, zu sich selbst, zu Kultur, Gesellschaft, Arbeit, Technik, Sprache etc. kritisch zu bemächtigen, um der aus diesem Verhältnis erwachsenden Herrschaft, Gewalt, Entfremdung oder Zerstörung Einhalt zu gebieten. Es geht zudem darum, das oftmals unbegriffene, dumpfe und sprachlose Verhältnis in ein solches der Wachheit und Wahrheit, der Aufmerksamkeit und Konzentration zu verwandeln, die Entgrenzung und Erweiterung des individuellen Horizontes, was diese Problemstellung anbetrifft, zu fördern und die eigenen noch unerkundeten Möglichkeiten ins Bewußtsein zu heben bzw. deutlich werden zu lassen – ein zu anspruchsvolles Vorhaben?

Die eigentlichen Triebkräfte und Motive, die für die Auseinandersetzung mit dem vorliegenden Thema ausschlaggebend waren, erwuchsen zunächst aus der Beschäftigung mit Theorien und Inhalten des Feminismus. Dies mag als Bekenntnis, von einem Mann kommend, ungewöhnlich klingen. Aber es war in der Tat so, daß die Hinwendung zum Feminismus, zu der sich später auch ein

1 Ch. Thürmer-Rohr (Hrsg.): Mittäterschaft und Entdeckungslust, Berlin 1989, S. 97.

7

»Bewegtsein« als Mann gesellte, wesentliche Anstöße durch das Medium »Frauenliteratur« erhielt. Freilich, es blieben nicht die einzigen und alleinigen Impulse. Anhand zahlreicher Berichte, Untersuchungen, biografischer Reflexionen und Skizzen erkannte ich schon bald, daß sich Frauen kurioserweise mehr Gedanken über Männer machen als diese selbst und daß diese Gedanken von zum Teil beachtlicher Treffsicherheit und Stimmigkeit waren. Frauen, so schien es, verstehen es besser, Männergefühle, Männersehnsüchte, Männergedanken, Männerwünsche auszudrücken. Sie wissen zum Teil genauer darüber Bescheid, warum Beziehungen ausbrennen, veröden, sich totlaufen, scheitern, warum Männer so häufig Fremde im Land der Gefühle sind, warum sie schweigen, wo Sprechen erwünscht wäre, warum sie dozieren und Reden halten, wo ein Zuhören ihnen den Sinn und die Essenz der Mitteilung ihrer Frau oder Freundin erschlossen hätte. Die literarischen Reflexionen der Frauen faszinierten und beunruhigten mich. Ich fühlte mich zugleich abgestoßen und angezogen, schwankte zwischen Skepsis und Zustimmung, zwischen Ablehnung und Bejahung.

Insbesondere die Reaktion der Abstoßung war, aus heutiger Sicht betrachtet, nur allzu verständlich. Denn intuitiv ahnte ich (wiewohl die Eigenschaft der Intuition bei Männern angeblich nicht sonderlich ausgeprägt sein soll), daß ich mich auf ein mich gefährdendes, risikoreiches Terrain begeben, auf ein ungewisses Unternehmen einlassen würde, sofern ich die Erkenntnisse und Einsichten der Vertreterinnen der Frauenbewegung auch für mich als gültig und zutreffend bzw. anwendbar in Anspruch nehmen würde. Es schien mir alles auf einen faustischen Pakt hinauszulaufen, den ich dabei war zu schließen. Sollte ich etwa die Geister, die ich da rief, nicht mehr los werden?

Angesichts einer ungebremsten Neugier, die mich trieb und drängte, behielt ich recht – und zwar auf eine krisenhafte, bis dahin zahlreiche Sicherungen, Gewißheiten bzw. Selbstverständlichkeiten hinfortspülende und mitreißende Art und Weise. Erst nach langen, oftmals unterbrochenen, schmerzlichen, zugleich aber auch beglückenden erkenntnis- bzw. erfahrungsreichen Prozessen kam es schließlich zu Neudefinitionen meines Mannseins, kam es zu veränderten Einstellungen und Haltungen – Phönix aus der Asche. Die Autorinnen Edit Schlaffer und Cheryl Benard haben eine Entwicklung, wie sie mir in Teilen widerfuhr, in ihrem Buch »Viel erlebt und nichts begriffen – Die Männer und die Frauenbewegung« dokumentiert – allerdings in diesem Fall mit umgekehrten Vorzeichen, nämlich von und für ihre Geschlechtsgenossinnen. Sie schreiben:

»Für sehr viele Frauen fand die Frauenbewegung in erster Linie erst einmal ›schriftlich‹ statt. Ein Buch konnte den gedruckten Beweis dafür liefern, daß Gefühle, die man für abwegig, für individuell hielt, normal, weit verbreitet und sogar revolutionär waren. Lesen war eine Form der Subversion, die den Lebensbedingungen der Frauen sehr gut entsprach. Ein Tabu, ein Vorurteil, ein Geheimnis nach dem anderen fiel vor der schonungslosen Erforschung und Infragestellung feministischer Autorinnen. Und dennoch mußte man nirgends beitreten, brauchte man kein Parteibuch. Man konnte seine Revolution ganz individuell dosiert und den persönlichen Verhältnissen angepaßt inszenieren. Jede Lebensphase, jedes Ereignis konnte man, literarisch begleitet, nacherleben: Die Kindheit, die Schulzeit, wurden kritisch überdacht, die Liebe, die Beziehung, die Trennung, die Krise, die Krankheit..., man war nie allein. Es gab nichts, worüber man nicht, wenn schon nicht sprechen, so doch zumindest lesen konnte.«[2]

Der Feminismus bot sich indessen nicht nur in einem privaten Sinne, nämlich als Hebel der Erweiterung und Veränderung der eigenen Biografie und Lebenswelt, an. Er ist, über das Beschriebene hinausgehend, eine der großen emanzipatorischen Strömungen des Jahrhunderts.[3] Für die Patriarchate jedweder Färbung erweist er sich als verhängnisvolles Menetekel und als eine enorme narziß-

2 Ch. Benard/E. Schlaffer: Viel erlebt und nichts begriffen. Die Männer und die Frauenbewegung, Reinbek 1985, S. 65.
3 Vergl. hierzu E. Bornemann: Das Patriarchat. Ursprung und Zukunft unseres Gesellschaftssystems, Frankfurt a. M. 1979. – M. French: Jenseits der Macht. Frauen, Männer und Moral, Reinbek 1988. – S. de Beauvoir: Das andere Geschlecht – Sitte und Sexus der Frau, Reinbek 1968. – E. Badinter: Ich bin Du. Die neue Beziehung zwischen Mann und Frau oder die androgyne Revolution, München 1988, S. 5.

tische Kränkung. Die narzißtische Kränkung besteht, wie Wolfgang Schmidtbauer schreibt, darin, daß es für gewöhnlich zwar Männer sind, die die Gesellschaft politisch, technologisch, sozial, kulturell »voranbringen«, prägen und leiten, was soviel bedeutet, wie, daß Mann, Initiative, Fortschritt und Innovation geradezu als Synonyme in Erscheinung treten, der Feminismus jedoch erheblich zur Aufweichung dieser Auffassung und Einschätzung beiträgt.[4]

Die Kränkung des Mannes durch den Feminismus erklärt sich fernerhin aus der Tatsache, daß dieser, im Gegensatz zu zahllosen anderen Ismen, deren epochales Scheitern gerade im Augenblick wieder sinnfällig und offenbar wird, eine Bewegung, einen Prozeß darstellt, der einmal nicht von Männern erdacht und in die Wege geleitet wurde und dennoch erheblich politische, gesellschaftliche und persönliche Konsequenzen und Wirkungen zeigt. Im Gegenteil: Der Feminismus etablierte sich kontrapunktiv zu und jenseits von männlichen Domänen, Kolonien, Freiräumen und Weltanschauungen.

Wie unerhört provokativ sich seine Schubkraft mitunter erweist, wie produktiv-unverschämt sich bewegte Frauen aufs Ganze gesehen gebärden, lassen die zum Teil schrillen, kämpferisch-verbissenen Gegenoffensiven der Männer erkennen, die weder willens noch in der Lage sind, von ihren patriarchalischen Pfründen und Besitzständen Abstand zu nehmen, um einer gerechteren Verteilung Raum zu geben.

Ein Beispiel neben vielen ähnlich gearteten ist dem Bericht des Volksblattes vom 2. 4. 1989 zu entnehmen. Unter der Überschrift »Italiens Machos warnen vor den Frauen« schildert die Journalistin Jill Serjeant Gebaren einer Männerinitiative in Italien, die versucht, die scheinbar unaufhaltsame Emanzipation der Frauen dieses Landes aufzuhalten. Zu diesem Zweck gründeten diese den »Nationalen Verband zur Rettung des italienischen Mannes«, der inzwischen

---

4 Vergl. hierzu W. Schmidtbauer: Seelische Hausarbeit. Gedanken zu den männlichen Spaltungen und ihrer Überwindung. In: Mannsein, Identitätskrise und Rollenfindung des Mannes in der heutigen Zeit, Reinbek 1982, S. 90 ff.

beachtlichen Zulauf hat und der den Mitgliedern des »Verbandes der Hausfrauen« den Kampf ansagt. Die ideologische Ausgangsposition dieses Männerbündnisses ist die, daß die Frauen nun lange genug auf italienischen Männern herumtrampelten und es an der Zeit sei, die verlorengegangene Vorherrschaft zurückzugewinnen.

Da die Männer naiv seien, heißt es in dem Artikel weiter, und die Frauen gerissen und hinterhältig, müsse nun Schluß mit einem Prozeß sein, der 1975 begonnen habe und bis heute noch andauere. Insbesondere das durch das Parlament in Rom verabschiedete Familiengesetz, das Männern und Frauen gleiche Rechte gewähre, sei der Stein des Anstoßes. Umberto Galloni, der Vorsitzende des Vereins, der auch beabsichtigt, eine Partei zu gründen, die die gleichen Ziele verfolgt, beendet nach Aussage des Artikels sein sexistisches Glaubensbekenntnis mit dem Aufschrei: »Wir Männer müssen wirklich gerettet werden.«

Weitere Belege für die Versuche, Frauen von Männerdomänen fernzuhalten, sind die beiden folgenden Zeitungsnotizen:

Friedhelm Farthmann, 59, SPD-Fraktionschef im Düsseldorfer Landtag, bleibt seinem Ruf als Macho treu. Vehement hatte sich der Spitzengenosse dagegen gewehrt, seinen zweiten Platz auf der Kandidatenliste für die Landtagswahl im Mai an eine Frau abzugeben. Der Gewerkschaftsprofessor, der vor Jahren mit seiner Kritik am »Tittensozialismus« in der SPD Zorn auf sich gezogen hatte, setzte sich durch und war dennoch unzufrieden. Unter den vielen Frauen, die ihm auf den Plätzen folgten, so die ehemalige Frauen-Beauftragte der Partei in kleiner Männerrunde, seien »regelrechte Piepmäuse«: Das »einzige Kriterium, warum manche der Frauen so weit oben« landeten, sei, »daß die zwischen den Beinen anders aussehen als ich«.

(Spiegel, Nr. 7, 12. 2. 1990)

Minister Farthmann entschuldigt sich bei Frauen Düsseldorf (Reuter). Der wegen frauenfeindlicher Äußerungen heftig kritisierte nordrhein-westfälische SPD-Fraktionschef Farthmann hat sich gestern öffentlich entschuldigt. Vor dem Düsseldorfer Landtag sagte der SPD-Politiker, er habe mit den aus einem privaten Gespräch zitierten Äußerungen niemanden kränken wollen. »Ich habe aber erkennen müssen, daß sich Frauen dadurch beleidigt fühlen. Deshalb

11

entschuldige ich mich«, sagte Farthmann unter dem Beifall aller
Fraktionen.

Farthmann hatte auf dem Landesparteitag in Siegen die Plazierung
weitgehend unbekannter Frauen auf der Landesliste mit den Worten
kommentiert: »Einziges Kriterium, warum manche Frauen so weit
oben landeten, ist, daß sie zwischen den Beinen anders aussehen als
ich.« Er könne nur hoffen, daß diese »Piepmäuse« nicht in den
Landtag kämen, da die SPD-Fraktion sonst einem Kindergarten
ähneln würde.

(Der Tagesspiegel, 16. 2. 1990)

Von daher kann die vorliegende Arbeit auch als eine Widmung
an den Feminismus, an Frauenliteratur und Frauenforschung, ja
Frauen überhaupt betrachtet werden, aber nicht im Sinne einer
schlichten Trennung und Spaltung in gute Frau versus schlechter
Mann, sondern im Sinne des Bestrebens, mittels Aufklärung und
Entmystifizierung der frauenfeindlichen Systeme auf ein befriedi-
gendes Miteinander der Geschlechter hinzuarbeiten. Schließlich
ist ja bekannt und soll an späterer Stelle Erwähnung finden, daß es
eine sogenannte Mittäterschaft von Frauen am Zustandekommen,
an der Institutionalisierung und Fortführung der patriarchalischen Herrschaftsmisere gibt. Das heißt, die Formen der Unterdrückung gehen quer durch die Geschlechter hindurch, betreffen
beide, verformen beide, Frau und Mann.[5]

Dabei bleibt selbstverständlich unbestritten, daß Frauen, geschichtlich und aktuell gesehen, von jeher und immer noch die
weitaus größeren Opfer bringen müssen, dem Leidensdruck um ein
Vielfaches ausgesetzt sind. Dies ist nicht allein das persönliche
Credo eines Mannes, der sich auf die Infragestellung und kritische

---

5 Vergl. hierzu Ch. Thürmer-Rohr: Viel erlebt und nichts begriffen. –
Auch Colette Dowling vertritt in ihrem Buch »Der Cinderella-Komplex« die These, daß persönliche und psychologische Abhängigkeit sowie der tiefverwurzelte Wunsch, von anderen versorgt zu werden, eine
jener Triebkräfte ist, die Frauen heute unterdrückt. (Colette Dowling:
Der Cinderella-Komplex. Die heimliche Angst der Frauen vor Unabhängigkeit, Frankfurt a. M. 1984.)

Auseinandersetzung mit seiner Männlichkeit einläßt, sondern entspricht unzähligen geschichtlich überprüfbaren Tatsachen. Zu der Beschäftigung mit dem Feminismus trug aber auch der Umstand entscheidend bei, daß dieser innerhalb des eigenen Lebens eine Reihe von Antworten auf die Frage bot, wie denn die Wiederbelebung des im Prozeß der Entwicklung als Mann verdrängten Weiblichen, also jenen ausgegrenzten, gefühlvollen, weichen, fließenden, hingabefähigen oder schwachen Anteilen, zu leisten sei. Im Grunde genommen erwies sich die hieraus erwachsende Motivation als die primäre und ausschlaggebende – und zwar deshalb, weil sie zunehmend Betroffenheit und Nachdenklichkeit zur Folge hatte, die sich zugleich mit dem ausdrücklichen Wunsch nach Veränderung paarte.

Freilich, diese Erkenntnis entsprach nicht allein einer Leistung des Kopfes, sondern wurde gespeist und angeregt aus zum Teil schmerzvollen Verwirrungen und aus Orientierungslosigkeit infolge von Trennungen, beruflichen Überforderungen, körperlichen und gesundheitlichen Beeinträchtigungen.

Gerade das Leiden war ein entscheidender Bestandteil der Zielsetzung, die früh kultivierten Eigenschaften herkömmlicher Männlichkeit, wie zum Beispiel Angstfreiheit, Ehrgeiz, Stärke, Dominanz und Konkurrenz, einer kritischen Befragung zu unterziehen bzw. auf ihre Verträglichkeit mit einem Lebensentwurf zu überprüfen, dessen Enge und Begrenztheit zunehmend offenkundiger und bedrückender wurde.

Mein Selbstbild als Mann entsprach dabei in großen Zügen dem, was Horst Eberhard Richter unter dem Begriff »Risikopersönlichkeit« versteht. Obgleich Leiden nicht unbedingt und zwingend der Motor der Veränderung sein muß, so erwies es sich in dem vorliegenden Fall doch als ein Hebel, typisch männliche, unhaltbare Positionen in Zweifel zu ziehen bzw. nach und nach aufzugeben.

Die Impulse also, die aus der Frauenbewegung kamen, wurden, anders ausgedrückt, aufgegriffen und verbanden sich dabei mit dem eigenen Wunsch nach Entgrenzung, nach Öffnung, nach Befreiung vom Diktat einseitiger rationaler Männlichkeit. Wie und unter welchen Umständen dies vonstatten ging, davon wird im folgenden die Rede sein.

Das, was gemeinhin als Identitätskrise des heutigen Mannes bezeichnet wird, erlebte ich zum ersten Mal vor etwa 15 Jahren. Damals brandeten mit ungebremster Gewalt die ersten Wogen des Feminismus gegen die Deiche und Bastionen männlichen Selbstverständnisses und ungetrübter machistischer Eitelkeit. Meine Reaktionen auf die Forderungen und Erwartungen mir nahestehender Frauen waren zunächst die des Mißtrauens, des Zweifels und der Abwehr. Diese traten zwar nicht offen zutage, sondern äußerten sich verborgen und hinter der Maske privater männlicher Logik, hinter Polemik und Ironie bzw. in Form von abstrakten, im akademischen Insider-Jargon geführten Diskussionen, die alles zerfaserten und nichts erklärten. Offensichtlich war ich in dieser Phase und zu diesem Zeitpunkt nicht in der Lage und ebensowenig willens, von mühsam erworbenen Positionen männlicher Dominanz und Domestikation, männlichen Imponiergehabes, aber auch von phallokratischen Gewohnheiten Abstand zu nehmen.

Nicht nur, daß nicht einzusehen war – zunächst jedenfalls –, warum Stellungen geräumt, warum Positionen männlicher Vorherrschaft überdacht werden sollten, es gab zudem auch keinen Grund, den Ansprüchen einiger im Überschwang handelnder weiblicher »Schwarmgeister« gegenüber Zugeständnisse zu machen – und wenn doch, welche? Ich jedenfalls konnte keine erkennen. Warum sich also die Vorrechte einer individuellen und sozialen Konstruktion von Männlichkeit, derer ich mir damals nicht bewußt war, aus den Händen winden lassen? Und: Dieser Spuk würde ohnehin bald zu Ende sein, so glaubte ich. Erwuchsen aus dem Gegensatz Mann – Frau nicht all jene produktiven Momente, die überhaupt erst einem solchen Verhältnis Spannung und Dynamik verliehen? Was also sollte ihre Einebnung? Wurde in dem Gegensatzpaar Mann und Frau nicht auch jenes kosmische Prinzip deutlich, das sich in allen Gegensatzpaaren – wie es in Yin und Yang zum Ausdruck kommt – wiederfinden läßt? Um dennoch nicht allzusehr in den Dunstkreis verstockter und unbeugsamer Macho-Männer zu geraten, las ich Svende Merians »Märchenprinz« oder Verena Stefans »Häutungen«.

Abgesehen davon, daß ich beide Bücher, von einem literarisch-ästhetischen Standpunkt aus betrachtet, denkbar dürftig fand, begriff ich die Absicht beider Frauen nicht, wollte sie nicht begreifen und

14

verharrte, um es einmal aus heutiger Sicht zu benennen, dank meiner standardisierten männlichen Wahrnehmung in selbstverschuldeter Unmündigkeit. Insbesondere die folgenden Aussagen von Verena Stefan erschienen mir als der Gipfel des Ich-bezogenen, der narzißtischen Selbstverliebtheit, einer geradezu neurotischen Anspruchshaltung:

»Ich war geprellt worden. Emanzipiert sein heißt bis dahin nur, Spiegelbild der männlichen Verkümmerung zu werden, meine Gefühle, Gedanken und Schmerzen verächtlich als banal und sentimental zu verleugnen. Nur weg von hier. Erst zu mir gehen. Ich war ausgezogen, die Welt zu erobern und dabei auf Schritt und Tritt über Männer gestolpert. Ich kaufte ein Notizbuch und arbeitete das andere Geschlecht durch. Da stand endlich schwarz auf weiß, was mich betraf. Ich kochte. Ich wollte den sofortigen Umsturz. Wenn Männer das nicht einsehen, würden sie eben in einen inneren Bürgerkrieg verwickelt werden. Wie wollten sie dann noch stark sein nach außen?«[6]

Gerade meine damalige Freundin bemühte sich, mit diesen und ähnlichen Texten mir ihr Wesen, ihre Wünsche und Sehnsüchte deutlich zu machen. Ich verweigerte mich ihrem Anliegen aufgrund des Fehlens von Einfühlungsvermögen und Empfindsamkeit. Gedankenexperimente dieser Art verwies ich in den Bereich des Kleinbürgerlich-Dekadenten. Da aber offenkundig kein Herankommen an mich war, geschah das, was Frauen, die anfingen, die Domäne des Feminismus für sich zu erschließen, reihum taten – sie verließen ihre Männer und Freunde, um die sie bedrängenden Fragen partnerschaftlicher Beziehungen, des Verhältnisses Frau – Mann, Fragen der Erotik, der Zärtlichkeit, des Gespräches miteinander, der Elternschaft usw. anderswo zu diskutieren. Sie zogen sich zurück und berieten sich in weiblichen Konzilien unter Ausschluß des anderen Geschlechts.

Diesen Rückzug erlebte ich zunächst als eine Form der Apartheid und, als sich die Zeichen der Zeit, nämlich ein allmähliches Auseinanderbrechen der Beziehung, nicht länger mehr leugnen ließen, als eine massive Form der Bedrohung. Es trat genau das ein, was in zahlrei-

6 V. Stefan: Häutungen. Autobiografische Aufzeichnungen, Gedichte, Träume, Analysen, o. O. u. J.

15

chen einschlägigen Texten im Zuge einer solchen Dynamik themati-
siert wird, nämlich, daß Männer durch den Weggang bzw. das
Abtreten ihrer Frauen und Freundinnen in ein Vakuum der Bezie-
hungs- und Orientierungslosigkeit, der Sprach- und Kommunika-
tionsunfähigkeit stürzen und nur schwer begreifen, warum dies alles
so kommen mußte. In dem Maße, wie meine langjährige Freundschaft
sich verflüchtigte, auflöste und sich auf einen unwiderruflichen
Endpunkt zubewegte, in dem Maße auch wie N. nach Jahren des
Zukurzgekommenseins dank einer in wesentlichen Bereichen recht
unbefriedigenden Verbindung schließlich die Kraft gewann, sich
daraus zu lösen, Neues zu denken, zu wünschen, zu hoffen (auch
insbesondere angeleitet durch eine wachsende Anzahl von Kontakten,
durch Gespräche und Männer ausgrenzende Aktivitäten), in dem
Maße geriet ich in Turbulenzen, brachen die zwiespältigsten Gefühle
von Wut, Resignation, Angst, Rache und Einsamkeit auf und waber-
ten wie eine giftige Wolke durch mein Hirn und Gemüt.

Ich geriet zusehends mehr in den Strudel allgemeiner Auflösungser-
scheinungen. Ich-Grenzen verschwammen, lösten sich auf. Profile
brachen zusammen. Ich wurde sprachlos und fixierte mich nur noch
auf den Gedanken zu retten, festzuhalten, zu bewahren, zurückzuge-
winnen – alles in allem ein zutiefst regressiver Sog. Es kam zu
beschämenden Unterwerfungsgesten.

Die in diesem Zusammenhang wesentlichste und für die Erhellung
des Themas wohl entscheidendste war die, daß ich plötzlich glaubte,
N. durch eifriges Studium jener Literatur zurückzugewinnen, die sie
mir über Monate hinweg empfohlen und nahegelegt hatte zu lesen
und mit der ich nichts anzufangen wußte. Also begann ich mich mit
zwiespältigen Gefühlen durch S. Firestone, Simone de Beauvoir, Herb
Goldberg und andere Klassiker der Frauenbewegung hindurchzuar-
beiten. Die Angst, eine höchst zweifelhafte Triebkraft, beflügelte mich
dabei. Sonstige Literatur und zahllose andere Aktivitäten vernachläs-
sigte ich gröblich, um N. gegenüber meinen Eifer und mein Interesse
zu bilanzieren – wohl mehr quantitativ als qualitativ. Nach dieser
Roßkur glaubte ich, ausreichend informiert und gefestigt zu sein, um
mich meiner Auseinandersetzung mit ihr zu stellen, bzw. ihr zu
beweisen, daß ihr vormaliges Rufen in der Wüste meines Desinteresses
nunmehr erhört sei. Doch die Thesen und Theorien jener Autorinnen

und Autoren, die ich so pennälerhaft eifrig nachbetete, blieben, um es einmal geologisch auszudrücken, samt und sonders im Deckgebirge meiner männlich-routinierten Wahrnehmung stecken. Sie drangen zunächst auch nicht nur annähernd zu tiefer gelegenen Schichten meiner Gefühls- und Erfahrungswelt vor. Meine gesamten Übungen waren nicht mehr und nicht weniger als ein Jonglieren mit Inhalten und Angelesenem auf der intellektuellen Ebene. Sie brachten mir zwar, was das feministische Vokabular anbetraf, einiges an sprachlichem Geschick und an Beredsamkeit ein, doch ihre Essenz blieb mir fremd, äußerlich, fassadenhaft. Ich verharrte in reiner Dekoration.

Erst nach und nach, erschüttert und zutiefst getroffen von dem ebenso unmißverständlichen und unwiderruflichen Rückzug N.s, der Furcht vor dem Alleinsein, der Ungewißheit einer Zukunft ohne sie, kam es zu massiven Verschiebungen in meiner Ich-Festung. Diese hatten Sprünge und Verwerfungen zur Folge, durch die hindurch das Gemisch aus intellektuellem Wissen und sich anbahnender Erkenntnis bzw. der Notwendigkeit der Veränderung meines männlichen Soseins nach und nach in die Tiefe sickerte. Ich regredierte. Aber es war keine Regression im Dienste des Ichs. Die oben genannten Verwirrungen vervielfältigten sich, so daß ich den Eindruck hatte, ein konturloses, nach allen Seiten ausuferndes Etwas zu sein. Meine vormaligen Gewißheiten wurden unter den Schlägen dieses Vorganges pulverisiert, lösten sich auf, verdampften und hinterließen ein Delirium aus tausend Selbstzweifeln.

Parallel zu diesem Vorgang ereignete sich ein weiteres, diesen Prozeß begünstigendes und die vormalige Schablonisierung von Männlichkeit aufbrechendes Geschehen.

Durch die bereits erwähnte Beschäftigung mit feministischer Literatur, durch die unangeleitete Innenschau bzw. durch selbstreflexive Prozesse geriet ich zunehmend mehr in eine Identitätskrise besonderer Art. Mein vormalig so festgefügtes und versteinertes Männlichkeitsbild schwand dahin. Mit ihm schwand zugleich die selbstverständliche, niemals hinterfragte Art des Umgangs mit mir selbst als Mann oder mit anderen Männern bzw. Frauen. Angeschirrt im Korsett meiner Männerkonventionalität hatte ich über Jahre hinweg hinreichend funktioniert, hatte mir Identitäten angeeignet, die mich befähigten, in den Arenen des Alltags zu bestehen. Ich war kalkulierbar, lebte berechen- und planbar, hatte mir dank beruflicher Qualifikation ein institutionelles Ich zugelegt, das Anerkennung und Zustimmung fand, hatte Dämme und Deiche errichtet, die mich vor dem Spontanen, dem Unerwarteten, dem Zerfließen und Verströmen bewahren sollten. Ich kannte meinen Körper – zumindest glaubte ich es – und wußte um seine Reaktionen. Nach und nach lösten sich auch diese konformitätssichernden Eigenschaften auf, schmolzen dahin und ließen mich verworren und bar zahlreicher, mein männliches Ich stabilisierender Eigenschaften zurück. Ich erlebte in jenen Wochen und Monaten also nicht allein die Trennung als schmerzhaft, sondern auch die Auflösung meines Männlichkeitsmonopols geradezu als vernichtend. Die Macht des Tatsächlichen und des Gewohnten war dahin, war ich Fisch oder Fleisch? Wie sollte ich mich verhalten? Wo verliefen die Grenzen, wo die Trennungslinien zwischen innen und außen, Mann und Frau? Meine gegenphobische Fassade – innen weich, außen hart – hielt einer kritischen Selbstbetrachtung und Herausforderung nicht länger mehr stand.

Die Krise der Trennung aber war nur die Ouvertüre zur Krise meiner Gesamtpersönlichkeit als betonierter Mann. Würde ich in der Lage sein, beides produktiv zu wenden? Waren es Reifungskrisen? Sprangen aus den Erschütterungen neue Quellen? Stünde am Ende des Weges die Versöhnung mit einem erwachsenen, geläuterten, weniger gespaltenen Ich? Allein auf mich gestellt, jede Hilfe ablehnend, unfähig, mich einem Gegenüber zu öffnen oder mitzuteilen, unfähig, mich schwach und hilfsbedürftig zu zeigen, festhaltend am zerstörerischen Männlichkeitsideal, wurde die Spannung unerträglich. Ich beschloß, eher einsam unterzugehen, als so weiterzumachen, trat den Rückzug an und flüchtete wahnhaft und symbolisch zugleich weit weg vom Ort der Herausforderung vor mir selbst ins Ausland, um dort, unerreichbar und geschützt vor weiteren »Provokationen«, meine Wunden zu lecken, meine Angst vor dem fantasierten und realen Chaos in mir zu verbergen und im traditionellen Sinne einigermaßen stabilisiert wieder anzuknüpfen, von wo ich Monate vorher meinen Ausgang genommen hatte. Ich erfuhr in dieser Zeit viel, doch daraus gelernt hatte ich zunächst wenig. Eine große Chance war vertan.

Eine neue Liebe wuchs mir zu, die fast alles vergessen machte. Ich brauchte einen langen Aufschub, um diese Grenze, um diesen Ort fruchtbarer Erkenntnis und Herausforderung noch einmal aufzusuchen.

Die Umwälzungen, die zu dem soweit erfolgten Bericht Anlaß gaben, vollzogen sich also nicht, einen früheren Gedanken nochmals aufgreifend, allein aus dem Anstoß, den die feministische und Männerliteratur hergab. Entscheidend und diesen Vorgang begünstigend wirkten sich die beschriebenen Trennungserlebnisse, Phasen des Alleingelassenwerdens, Phasen der Desorientierung, kurze Krisen aus, wie sie zum Wachstum und zur Veränderung dazu gehören.

Gerade das »Ende der Berührbarkeit«, so der Titel eines Romans von J. Schimmang, und die zahllosen Formen der Verweigerung, des Nicht-mehr-Mitmachens von Lebensgefährtinnen, die Ausstoßung aus der Gebärmutter der Bequemlichkeit, Vertrautheit, aus wohltuender, aber zumeist stallwarmer Versorgung, die Aufkündigung der Befriedigung einer ganzen Reihe von Bedürfnissen, deren Einlösung ich stets als selbstverständlich angesehen hatte, förderten die entscheidenden persönlichen Umwälzungen des Männerbildes, beseitigten die vormalige Taubheit. Die dumpfe Sprachlosigkeit und das trotzige Schweigen, die zahllosen verpaßten Gelegenheiten, die Mitteilung erforderten und nötig machten, wichen allmählich dem Wunsch nach Verständigung. Auch die geistigen Nebelbildungen, was das eigene Mannsein, die eigene Schablone anbetraf, lösten sich nach und nach auf, bzw. machten Platz für durchschaubareres, bewußteres Männerleben. Im Zuge dessen kam es zu wundersamen Begegnungen, zu leid- und lustvollen Situationen des Wiedererkennens, zu Déjà-Vu-Erlebnissen, zu Aha-Effekten und mehr. Das Skurile und Groteske hatte darin ebenso seinen Platz wie das Beschämende und Bedrückende. Trauer und Freude lösten einander ab – alles in allem ein Panorama allzu männlicher Menschlichkeit, das auf Klärung und Durcharbeitung harrte.

Dabei zeigte sich, daß selbst die abwegigsten und unfertigsten Gedanken es wert waren, aufgeschrieben, festgehalten und überprüft zu werden. Denn auch sie gaben Aufschluß darüber, wie das

Handeln, das Denken, Sprechen, Agieren der Männer, bzw. eines Vertreters dieser Gattung, aussahen.

Volker Elis Pilgrim hat diese Schrittfolge in einem Katalog zusammengefaßt, der in verdichteter Form darüber Aufschluß gibt, was Männer letztlich veranlaßt, die Zwangsjacke ihres einseitigen Verhaltens, Denkens, Handelns und Fühlens abzustreifen bzw. die feministischen Anregungen aufzugreifen, um sie sodann in eigene Motivationen und Strebungen einfließen zu lassen. Es sind:

»1. Die kollektiven Frauenaktionen allgemein, die auf Bewußtsein und Haltung der Männer Einfluß nehmen und in deren Folge es 2. durch sexuellen Entzug oder Angriff in einzelnen Verhältnissen zu Umwertungen und Umdeutungen kommt – und zwar insbesondere in solchen Fällen, wo von Seiten der Frau sachlich-ökonomische Unabhängigkeit gewährleistet ist, die 3. Bewußtseinserschütterungen zur Folge haben und 4. Verhaltensverunsicherungen und Schwankungen hervorbringen, bzw. 5. Allgemeinpatriarchatsabweichungen in die Wege leiten.«[7]

Im Hinblick auf den zum Teil privaten und persönlichen Charakter der Darstellung wird von mir eine Auffassung und Überzeugung vertreten, die freilich nicht jeder Leser teilt. Das öffentliche Eingeständnis von Versagen und Irrtum, das für gewöhnlich in die Praxen von Therapeuten oder ins Private verwiesen wird, gilt hier einmal nicht als tabuisiert. Denn man(n) sollte einmal bedenken, welche nachgerade schizophren anmutende Spaltung eine Aufteilung in privat-öffentlich, offiziell-inoffiziell zur Folge hat.

Wird dadurch nicht, so drängt sich die Frage auf, Maskenhaftigkeit, Anonymität, Indirektheit, Isolation, Angst vor Nähe, kurz Entfremdung der Menschen untereinander, hier insbesondere der Männer, gefördert und begünstigt? Verhält es sich nicht auch so, daß sich hinter der mehr als fragwürdigen Fassade von Marlboro-Attitüde, Coolness, gespielter Souveränität, Pokerfacegehabe oder Schweigen die großen Ängste und Unsicherheiten verbergen, die irgendwann einmal in Form von Magenbeschwerden, Schlaflosigkeit, Migräne, Streß, Impotenz, Erkrankung der Herzkranzgefäße

7 V. E. Pilgrim: Der verunsicherte Mann. In: Vorgänge, Weinheim 1976, S. 50.

etc. zum Zusammenbruch der Person führen? Auch der mögliche Vorwurf, es könne sich gerade bei den Falldarstellungen um eine Art verdeckten seelischen Exhibitionismus handeln, muß zurückgewiesen werden.

Abgesehen davon, inwieweit wohl eigene verleugnete und abgespaltene Gefühle einen solchen Gedankengang nahelegen bzw. inwieweit der Vorwurf der Verletzung des »Anstandes«, der »Diskretion«, des »Taktes«, des »guten Geschmacks« womöglich als Bollwerk und Rationalisierung persönlicher Unfähigkeit im Umgang mit Wachstumskrisen, Wandlungen und Veränderungen aufgefaßt werden muß, zielt ja gerade die Einbeziehung eines breiten Spektrums konkreter Erlebnisse und Erfahrungen darauf ab, Erscheinungen, wie sie sich in der Pathologie männlicher Normalität äußern, zu entlarven und abzubauen.

Aber auch das Folgende sollte nicht unerwähnt bleiben: Die Geschichtlichkeit des Menschen birgt grundsätzlich und immer die Chance, Fehler der Vergangenheit, falsch gelaufene Entwicklungen zu überwinden. Man(n) *wird* zwar, doch man(n) wird nicht gezwungen zu *sein* und zu bleiben, wie man(n) einmal *war*. Alle Eigenschaften, Prägungen und früh erfolgten Festlegungen sollten als fließend und nicht als statisch, also veränderbar angesehen werden. Mit anderen Worten: Was geworden ist, kann auch wieder anders werden, wenn es sich für sorgsameres, sozial und individuell erwünschtes, ersehntes Leben nicht eignet, dieses behindert und einschränkt. Befreiung ist also dort möglich, wo sie gewollt und angestrebt wird. Damit die Verflüssigung der Strukturen gelingt – hier als falsch wahrgenommen und gelebte Männlichkeit – bedarf es der Korrekturen, bedarf es der Befreiung aus früh erfolgten Zurichtungen, durch Mut zur Öffnung und Öffentlichkeit. Auf einen Nenner gebracht: Wer aus der Geschichte nicht lernen will, den verurteilt das Leben dazu, sie ständig zu wiederholen. Dies zu verhindern, will das Buch einen Beitrag leisten.

Mann und Gesellschaft

»Wenn jemand stirbt, nicht das allein ist Tod.
Tod ist, wenn einer lebt und es nicht weiß.
Tod ist, wenn einer gar nicht sterben kann.
Vieles ist Tod, man kann es nicht begraben.
In uns ist täglich Sterben und Geburt.«[*]

Rainer Maria Rilke

*Der Autor Joachim Bodamer schrieb 1964: »Wer erfahren möchte,
was unsere Zeit über das Wesen der Frau, über ihre spezifische
Psychologie, ihren ewigen Auftrag und ihre moderne, zeitgeschichtli-
che Aufgabe denkt, findet zu diesem Thema eine reichhaltige Literatur
vor. In ihren zahlreichen, freilich sehr unterschiedlichen Darstellungen wird so gut wie jeder Aspekt weiblichen Seins beleuchtet, wird jede
Daseinsform, Lebenswirklichkeit und Möglichkeit der Frau unter-
sucht und diskutiert, sei es mit psychoanalytischen, soziologischen
oder verstehenskundlichen Methoden. ... Sosehr also die Frau sich
selbst befragt und von der Wissenschaft sich befragen lassen muß,
welche Gefährdung dieses Dasein in der technisch-bürokratischen
Welt für sie bedeutet, welche Kräfte sie aufrufen muß, um sich zu
erhalten und ihrem Wesen möglichst treu zu bleiben, so stumm
verhält sich der Mann, soweit es sich um ihn und nur um ihn handelt.
... Der Mann bleibt, was ihn selbst betrifft, tief verschlossen, fährt
aber unerschütterlich fort, die Welt zu technisieren und umzugestal-
ten, die Natur bis ins Letzte zu erforschen und auszubeuten, den Geist
in Ideologien zu pressen und die Formel zu suchen, die das Geheimnis
der Natur in eine einzige mathematische Gleichung faßt.«[1]*
Inzwischen kann, was die weitsichtigen Aussagen des Autors
anbetrifft, festgestellt werden, daß er sich in einem Punkte zumin-

---

[*] Aus: Rilke. Gesammelte Werke, Bd. 1, Leipzig 1930, S. 394.
1 J. Bodamer: Der Mann von heute. Seine Gestalt und Psychologie,
Freiburg/München 1964, S. 1 bis 5.

dest irrte, wenngleich in einem recht beiläufigen, nämlich dem, daß ein Viertel Jahrhundert später immerhin die Literatur und die Darstellungen zu Männerfragen und -problemen nicht mehr gar so rar gesät sind wie noch zu jener Zeit. Wie aber sieht es mit anderen Voraussagen aus, wie mit der aktuellen Standortbestimmung, wie mit der Physiognomie des Mannes am Ende des ausgehenden Jahrtausends?

Ist es zulässig, vom Mann und seiner »Gestalt in dieser Welt« (Bodamer), von seiner Psychologie, seinem Selbstverständnis, von seinem Handeln, seinem Denken und Fühlen in dem Sinne zu sprechen, daß er sich, seitdem der Autor ihm seine Aufmerksamkeit widmete, grundlegend geändert hat, daß seine historisch gewordene und gewachsene Rolle eine andere ist als noch vor 25 Jahren? Ich möchte die Beantwortung dieser Frage zunächst einmal zurückstellen, bzw. sie wird sich zwangsläufig und von selbst aus den folgenden Überlegungen ergeben.

Die Schwierigkeit, sich dem Mann und seiner Beschreibung zu nähern, erwächst primär aus der großen Vielfalt der Zugehensweisen und Standpunkte, von denen aus er betrachtet werden kann oder sollte. In aller Vorläufigkeit läßt sich sagen, daß »das Wesen« des Mannes sowohl das Ergebnis eines langen geschichtlichen Prozesses als auch eine Konstruktion dieser besonderen gesellschaftlichen Wirklichkeit darstellt.

Mit anderen Worten: Es würde von einer allzu schlichten und einseitigen Denkungsart zeugen, zu glauben, daß der Mann von jeher schon der war, der er heute ist, und daß sein »Sosein« fest und unverändert die Stürme der Zeit und die geschichtlichen Abläufe überstand. Wer so argumentiert, der erliegt einer, den wahren Sachverhalt verfälschenden und verzerrenden Weltanschauung. Aber es gibt in der Tat dahingehende Auffassungen, die unterstellen, daß Erbgut, daß körperliche Ausstattung, geistige und intellektuelle Gegebenheiten, daß Drüsen, Hormone, Muskeln, Geschlechtsteile etc. ihn überhaupt und von jeher zu dem machen und machten, was er ist – nämlich ein Mann und damit zugleich ein geschlechtlicher Gegenpart zur Frau.

Gewiß, diese Einschätzung ist nicht ganz unzutreffend, doch bei genauerer Betrachtung fällt auf, daß es weitaus weniger als nur die halbe Wahrheit ist. Namentlich Verhaltensforscher und Völker-kundler haben inzwischen hinreichend nachweisen können, daß westlich-abendländische und damit ausdrücklich patriarchalische Auffassungen vom Mann eben solche sind, wie sie kulturelle, zivilisatorische und geschichtliche Umstände über lange Zeiträume hinweg hervorgebracht haben und auch weiterhin hervorbringen. Nochmals gesagt: Im Mann verkörpert sich nicht der einmalige statische Entwurf der Schöpfung. Er ist nicht der laszive Adam, den Michelangelo an der Decke der Sixtinischen Kapelle in Rom verewigte, sondern er ist unbestreitbar das Produkt seiner biologischen Ausstattung, aber viel mehr noch das Resultat ungezählter Wandlungen und Metamorphosen.

Seine Geschichtlichkeit, im Sinne eines Jahrmillionen währenden evolutionären Prozesses formte, prägte und unterzog ihn einer fortschreitenden Veränderung. Lange bewegte er sich dabei in einem Traditionsgefüge, bestehend aus Gewißheiten und Gewohnheiten, Rollenerwartungen und Rollenzuschreibungen, die ihm Stabilität, Orientierung, Sicherheit und Halt boten. Er verkörperte das, was man gemeinhin ein gesellschaftliches Ensemble nennt, und spiegelt zugleich patriarchalische Einflüsse und Ausdrucksformen wider. Für die gesellschaftliche Prägung des Mannes möchte ich hier einige kurze Beweise einfügen.

Die Anthropologin Margaret Mead geht in ihrem Buch »Mann und Weib – das Verhältnis der Geschlechter in einer sich wandelnden Welt«, das inzwischen schon zu den Klassikern dieses Wissenschaftsbereiches gehört, der Frage nach, wie die Beziehungen zwischen Frauen und Männern im interkulturellen Vergleich, das heißt im Unterschied zu anderen menschlichen Gesellschaften als den unsrigen, aussehen.[2] Dabei nimmt sie unter anderem Bezug auf sieben Südseekulturen, die zu dem Zeitpunkt ihrer Untersuchung in noch sehr ursprünglicher Verfassung als Naturvölker, ohne die uns bekannten und geläufigen zivilisatorischen »Errungenschaften«, lebten.

Margaret Mead gelangt bei ihren, sich über Jahre hinziehenden Recherchen zu der Erkenntnis, daß die bekannten Rollen von

2 Vergl. hierzu M. Mead: Mann und Weib. Das Verhältnis der Geschlechter in einer sich wandelnden Welt, Reinbek 1958.

Mann und Frau, wie wir sie kennen und gewohnt sind, bei einigen dieser Naturvölker keine Gültigkeit besitzen, sondern sich zum Teil als völlig gegensätzlich darstellen. Männer verhalten sich dort schlichtweg nicht als Männer, wie es in westlichen Industrienationen gemeinhin als gewollt und erwünscht angesehen wird, sondern anders. Ebenso weichen Frauen erheblich von den uns vertrauten Mustern der Selbstdarstellung ab und führen sich, aus unserer Sicht betrachtet, wahrhaft unfraulich auf. So zum Beispiel die sogenannten Mundugumor. Bei diesem Stamm sind die Frauen ebenso selbstsicher und kraftvoll wie die Männer. Sie verabscheuen das Austragen, Nähren und Aufziehen von Kindern, sorgen fast allein für den Unterhalt und schaffen somit den Männern Zeit für allerlei Verschwörungen und Intrigen. Die den westeuropäischen Frauen üblicherweise nachgesagten, positiv besetzten, lebensspendenden und erhaltenden Fähigkeiten scheinen bei den Frauen dort nicht sonderlich hoch im Kurs zu stehen. Oder die Tschambuli: Hier fischen die Frauen. Sie sind lebhaft, arbeitsam, schmucklos, ohne erotisches Flair, halten ihren Markt ab, während die Männer, dekorativ geschmückt, schnitzen, malen oder Tanzschritte üben. Letztere sind wohlgenährt und weisen stark feminine Züge auf. Die Jatmul-Kopfjäger wiederum pflegen zwar kriegerische Neigungen und stehen damit den westeuropäischen Männern nicht fern, sind aber zugleich von großer Verletzlichkeit. Sie lieben es, die Frauen mit ihrer endlosen Theatralik zu unterhalten.

Bei aller Kürze der Darstellung zeigt sich, daß der Charakter, das Wesen des Mannes, seine Rolle und Stellung Ausdruck der jeweils herrschenden gesellschaftlichen Verhältnisse ist. Entwickelt man(n) die Erkenntnisse Meads weiter, dann kann daraus der Schluß gezogen werden, daß Geschlechtszugehörigkeit im wesentlichen sozial und geschichtlich festgelegt wird. Die Auffassung von Frau und Mann entspricht somit dem, was gewachsene gesellschaftliche Strukturen an Weiblichem und Männlichem aus sich heraus entlassen bzw. was zugleich Frauen und Männer an diese delegieren. Man(n) muß also, um es auf den Punkt zu bringen, von einem sogenannten *sozialen Geschlecht* sprechen.

Wie aber sieht es mit dem heutigen Mann des Westens aus? Zunächst einmal wird hier ein Prototyp angesprochen – und zwar ein solcher, der in seiner uniformen Alltäglichkeit überall angetroffen werden kann. Sein zumeist recht einseitiges Erscheinungsbild verbindet sich dabei im wesentlichen mit einer psychisch-seelischen Vereinheitlichung, die den Verdacht nahelegt, es handle sich bei ihm um eine Art »Kollektivorganismus«. Dieser Gedanke ist in der Tat nicht ganz von der Hand zu weisen. Denn trotz aller vordergründigen Individualisierung hat sich im ausgehenden 20. Jahrhundert ein Typus herausgebildet, der mit ziemlich ähnlichen Persönlichkeitsmerkmalen ausstaffiert ist und diese auch in Mimik, Gestik und Körpersprache sinnfällig zum Ausdruck bringt. Zu diesen Charakteristika gehören solche wie Hang zu Rivalität und Konkurrenz, überhöhte Leistungsbereitschaft, Erfolgsstreben, Härte, Sucht nach der Frau, Gefühlsarmut, zwanghaftes Zelebrieren von Potenz, Kontrolle, Machtbesessenheit, Unverletzbarkeit, Gier nach Status und Prestige, krankhafte Risikobereitschaft, mangelnde Selbstfürsorge, Angst vor Hilflosigkeit, Kontaktarmut, Unfähigkeit zur Entspannung, geringe Liebesfähigkeit, instrumentelle Vernunft, Abwesenheit von Mitleid usw.

Diese Auflistung mag zunächst von einer vorzugsweise männlichen Leserschaft als kränkend und übertrieben zurückgewiesen oder mir als Ausdruck uneingestandener und unbewältigter Abneigung gegenüber dem eigenen Geschlecht und den eigenen Geschlechtsgenossen bzw. als masochistische Selbstgeißelung zur Last gelegt werden. Nichts davon trifft zu. Im Gegenteil: Weder handelt es sich hier um eine Art unverarbeiteter, verdrängter Männlichkeit, noch ist mir daran gelegen, meine Geschlechtsgenossen bloßzustellen bzw. mich des Applauses von Frauen zu vergewissern. Ich möchte hingegen betonen, daß das aufgelistete männliche Persönlichkeitsinventar auch Bestandteil meiner eigenen Biografie, meines eigenen Mannseins war und ist und ich mich von daher, eingedenk aller Verbiegungen und Defizite, solidarisch mit meinen Geschlechtsgenossen erkläre, es aber zugleich nicht billige, in diesem unseligen, destruktiven Zustand zu verharren bzw. ihn auch noch mit der Aura des Besonderen zu versehen, wie das oft genug geschieht. Darüber hinaus will ich nicht der Gefahr der Selbststilisierung als Mann erliegen. Ebensowenig möchte ich dazu beitragen oder mitansehen, wie diese Art männlicher Dürftigkeit und menschlicher Karikatur weiterhin geschichtsmächtig und geschichtsbestimmend bleibt.

Zugegeben: Selten waren Männer erfindungsreicher, materiell tüchtiger, tatkräftiger gegenüber der Natur, waghalsiger und dem technischen Abenteuer mehr zugetan. Dennoch hört man(n) oft von Frauen den Satz: »Es gibt keine richtigen Männer mehr«. Oder man(n) liest landauf-landab von der Krise des Mannes. Was also ist los?

Der durchschnittliche Mann erweist sich, eingestanden oder uneingestanden, trotz zahlreicher instrumenteller Fähigkeiten im Grunde genommen als unmännlich und eigenschaftslos. Sein primär technisches Können und Vermögen geht im wesentlichen auf Kosten seiner Menschlichkeit, seiner Vielfalt, seiner sozialen und emotionalen bzw. kommunikativen Fähigkeiten. Er lebt reduziert und beschränkt, weil abgenabelt von seinen Gefühlen und seiner natürlichen Herkunft. So gesehen repräsentiert er, entgegen gängigen Auffassungen, wie Unfallstatistiken, Sterberaten, Krankenblätter ausweisen, nicht das starke, sondern das schwache Geschlecht. Er zahlt einen hohen, zu hohen Preis dafür, zur vermeintlichen Vorhut des Fortschritts zu gehören. Er funktionalisiert sein eigenes Leben und das der anderen, widmet sich einer alles beherrschenden Technik, aber wird sich nicht klar darüber, daß der von ihm fetischisierte technische Effekt gleichzeitig und ohne daß ihm dies bewußt ist, zum menschlichen Defekt mutiert – sozusagen hinter seinem Rücken.

Der Kollektivmann, wie ich ihn hier einmal nennen möchte, lebt und arbeitet heute überwiegend entfremdet, an bedeutungsloser Routine und Monotonie des Alltags festhaltend, anonym und bar eigener, reifer Identität in Ämtern, Institutionen, Dienstleistungsbereichen, Fabriken, Büros etc. Die vormals für ihn gültigen und gepflegten Leitbilder lösen sich auf, verflüchtigten sich in nur wenigen Jahrzehnten und hinterlassen Orientierungslosigkeit, Wertezerfall, Verwirrung. An ihrer Stelle breitet sich ein Vakuum aus, in das Sinnleere oder Perspektivlosigkeit hineindrängt. Frühere Gewohnheiten und Sicherheiten wie solche, daß der Mann lange Zeit als Familienvorstand, als Ernährer, Beschützer usw. Anerkennung genoß, erweisen sich als ausgehöhlt, unzeitgemäß und vielfach nicht mehr lebbar. Die Scheidungsraten geben hinreichend Aufschluß darüber. Die Mehrzahl aller bundesdeutschen Frauen ist heute berufstätig und somit zum Teil auch wirtschaftlich unabhängig vom Mann. Frauen verstehen es zunehmend besser, ihr eigenes Leben in die Hand zu nehmen, sich nicht länger mehr von Männern unterhalten und damit fremdbestimmen lassen zu müssen. Zudem treten sie seit einiger Zeit in einen unübersehbaren Verdrängungswettbewerb mit ihnen. Auch das damit einhergehende wachsende Selbstbewußtsein von Frauen, an dem die Frauenbewegung nicht unerheblichen Anteil hat, irritiert viele Männer, manövriert sie in Verteidigungshaltungen und trägt dazu bei, daß sie an sich zweifeln und ihr bisheriges Selbstverständnis hinterfragen oder aber versuchen, noch zu halten, was eigentlich schon längst losgelassen werden müßte.

Dabei sind neue Maßstäbe, neue, griffige Modelle nicht in Sicht. Selbst die Nischen und Freiräume, in denen früher Männlichkeit gepflegt und entfaltet werden konnte und wo man(n) unter sich war, verschwinden oder verlieren an Bedeutung und Geltung. Wo immer Männer also hinschauen, falls sie willens und in der Lage sind, dies kritisch zu tun, finden sie geschwächte Selbstbilder, brüchige Identitäten und entleerte Traditionen. Diese Zustandsbeschreibung möchte ich nicht als Lamento verstanden wissen, sondern als verdichtete, wenngleich auch etwas verkürzende Wiedergabe derzeit herrschender Trends und Strömungen. Die Erwartungen der Umwelt an den Mann machen aus ihm ein Wesen, daß der Hetze, dem Streß und einer ganzen Reihe von Forderungen unterliegt, die weder seiner leiblichen Gesundheit noch seiner seelischen Hygiene guttun.

Der amerikanische Männerforscher Herb Goldberg, dem wahrhaftig nicht nachgesagt werden kann, er sei ein leidenschaftlicher Befürworter der Frauenbewegung, hat eine Reihe von maskulinen Solls formuliert, wie sie ohne großen Aufwand und ohne sonderliche Anstrengung bei Männern in unterschiedlicher Dichte und Ausprägung festgestellt werden können.

»1. Je weniger Schlaf ich benötige, 2. je mehr Schmerzen ich ertragen kann, 3. je mehr Alkohol ich vertrage, 4. je weniger ich mich darum kümmere, was ich esse, 5. je weniger ich jemanden um Hilfe

bitte und von jemandem abhängig bin, 6. je mehr ich meine Gefühle kontrolliere, 7. je weniger ich auf meinen Körper achte – desto männlicher bin ich.«[3]

In dieser betont männlichen Haltung und Attitüde – Theodor W. Adorno nannte sie einmal die Pose der »tough babies« – tritt jene Zuschreibung zutage, die ich in Anlehnung an Horst Eberhard Richter »Risikopersönlichkeit« nannte. Unter Risikopersönlichkeit, die heute bereits nicht mehr allein unter Männern zu finden ist, sind all die Individuen zu verstehen, die aufgrund von ungezügeltem Leistungs- und Dominanzstreben zu Herzinfarkt, Gefäßerkrankungen bzw. den gesundheitsschädigenden Folgen von Streß neigen. Die solchen Männern anerzogene zwanghafte Männlichkeitserwartung entspricht darüber hinaus dem Idealbild des Mannes in der Leistungsgesellschaft, der gierig nach Erfolg, Anerkennung und Prestige seinen Körper zum Träger seiner ehrgeizbesessenen Ziele macht und dem die Formen des Genießens, des Entspannens, der Ruhe, der Besinnung, der Kontemplation fremd und verdächtig sind.

Ohne der nachfolgenden Diskussion vorgreifen zu wollen, entstehen solche Haltungen, die schließlich in Lebensentwürfe, spezifische Lebensstile und Gangarten (A. Adler) einmünden, in der frühen Kindheit. Anders ausgedrückt: Überbetonte, das heißt falsch entwickelte und entfaltete Männlichkeit erwächst im wesentlichen aus der unwillentlichen, vorbewußten Zurückweisung weiblicher Eigenschaften, wie sie Mütter von Söhnen verkörpern und an diese in unterschiedlicher Dichte und Ausprägung weiterreichen.[4]

»Die anerzogene Furcht vor Feminität«, schreibt Walter Hollstein, »schafft sechs Konfliktfelder, in denen sich der unbefreite Mann leidend bewegt. 1. Eine eingeschränkte Emotionalität, 2. Homophobie, 3. Kontroll-, Macht- und Wettbewerbszwänge, 4. ein einge-

---

3 H. Goldberg: Der verunsicherte Mann. Wege zu einer neuen Identität aus psychotherapeutischer Sicht, Düsseldorf/Köln 1976, S. 15.

4 Von der Wechselseitigkeit zwischen Söhnen und Müttern wird in dem Kapitel „Mann und Gefühl" noch ausführlich die Rede sein.

schränktes sexuelles und affektives Verhalten, 5. Sucht nach Leistung und Erfolg, 6. Gesundheitsprobleme.«[5]

Mit dieser Auflistung deuten sich also bereits einige Ursachen an für die Einbindung des Mannes in ein herkömmliches Männerbild und/oder die damit einhergehenden Standards im Verhalten, Denken und Fühlen. Hier auch liegen eine Reihe von unbewußten Motiven und Beweggründen dafür verborgen, warum bei Männern die Neigung zur Selbst- und Fremdzerstörung weit ausgeprägter in Erscheinung tritt als bei Frauen oder warum sie zu Gewalt, zu riskantem Draufgängertum, zu Gefühlsarmut und übertriebener Rationalität neigen.

Die soweit erfolgten Überlegungen stellen, genauer betrachtet, also wahrlich keine Laudatio auf einen erfreulichen Zustand dar. Was aber folgt daraus? Die unkritische Fest- und Fortschreibung des soweit skizzierten Männerbildes kann weder im eigenen Interesse liegen, kann weder dem Wunsch der Frauen entsprechen, die von herkömmlicher Männlichkeitsdarstellung inzwischen genug haben, noch ist es gesellschaftlich wünschenswert, wenn Männer weiterhin mit sich und ihrer Lebenswelt (Umwelt) verfahren, wie das in den letzten zwei- bis dreihundert Jahren der Fall war. Männer haben diese Welt in einen ruinösen Zustand versetzt, sie haben ihren nekrophilen Neigungen (Erich Fromm) freien Lauf gelassen und die Natur (sie ist übrigens weiblich) in einem Maße geschändet, daß es inzwischen fraglich erscheint, ob sie sich von dieser Art Mißbrauch jemals wieder erholen wird.

Was tun? Gibt es einen Kompromiß? Deutet sich eine Lösung an, die einen Weg aus dem Dilemma weisen könnte? Befreit sich der Mann infolge zunehmender Bewußtwerdung oder sind die gesellschaftlich herrschenden Kräfte, die Mächte des Tatsächlichen, der sezierende, spaltende, dividierende, analytische Geist und Intellekt des Mannes stärker? Und um den Fragekatalog noch ein wenig zu erweitern: Ist ein Mann in dem Augenblick kein Mann mehr, sondern ein Schwächling, weibisch, einer, der »keine Eier mehr hat«, wie sich einmal Gesprächspartner äußerten, wenn er

---

5 W. Hollstein: Nicht Herrscher aber kräftig. Die Zukunft des Mannes, Hamburg 1988, S. 137.

dem Bild nicht mehr entspricht, das von ihm entworfen wurde und das er mit sich herumschleppt wie eine tonnenschwere Last. Heißt Mann sein – zu haben, was eine Frau nicht hat, oder heißt es – nicht zu sein, was sie ist? Muß ein echter Mann sich ständig davor hüten, auch nur entfernt in die Nähe von Frauen gerückt zu werden? Muß er aufpassen, daß diese zweigeteilten Welten sich nicht zu sehr angleichen und dabei womöglich für ihn konturlos, androgyn, schwul, tuntig oder asexuell werden? Verhält es sich mit Männern und Frauen letztlich nur so, wie die Autoren Georges Falconnet und Nadine Lefaucheur es von einem männlichen Interviewpartner zu hören bekamen?

»Die sanften und hellen Farben, die Rundungen, das Weiche, das Schmeichelnde, das Samtige, das alles ist für Frauen, für die Männer sind die harten, dunklen Farben, das Metallische, Nüchterne, Kalte, Rohe, Kantige, Schneidige, Scharfe. Hier das Weiche und Sanfte, dort das Starke und Harte. ... Auf jeden Fall muß ein Gegensatz zwischen Männlichem und Weiblichem konstruiert werden.«[6]

Daß der Mann, falls er sich dann zum Wandel bereit erklärt, falls er einwilligt, weibliche Anteile in sich zu beleben, nicht als sexuell neutralisiertes Monstrum, nicht als Eunuch oder Kastrat dazustehen braucht, bedarf eigentlich keiner gesonderten Erwähnung. Und dennoch spukt diese Vorstellung in zahlreichen Männerköpfen herum. Denn soviel sollte inzwischen auch zu den borniertesten Verfechtern und Steigbügelhaltern des heutigen Patriarchats vorgedrungen sein: Die genannten männlichen Eigenschaften sind bei weitem nicht die alleinigen Quellen der sexuellen Attraktion oder die Grundlage, auf der Verführung und Erotik stattfinden kann. Es gibt weitaus mehr und andere Qualitäten bei Männern, die Anziehung, Spannung, Lust und Liebe bewirken – nur sind sie sich dessen oftmals nicht bewußt.

Dazu gehört zum Beispiel ganzheitliches Erleben der Frau, Gefühlsbetontheit, Bekenntnis zu Schwäche und Zartheit, größere organische Wandlungsfähigkeit, Kommunikationsfähigkeit und -bereitschaft, Abwesenheit von zwanghaftem Potenzgebaren und

6 G. Falconnet/N. Lefaucheur: Wie ein Mann gemacht wird, Berlin 1977, S. 18.

von Orgasmusfixierung, Humor, Kraft, Sanftheit, Milde, nur um einige zu nennen. Sie alle bewirken zumindest das gleiche, wenn nicht gar ein Vielfaches an Faszination von dem, was der einseitig-stereotype Macho zu wecken vermag.

Es geht für Männer primär also darum, Abschied zu nehmen von einem engen, im weitesten Sinne herrschaftsbetonten Selbstbild und *nicht* den Unterschied der Geschlechter einzuebnen oder gar zu leugnen. Es sollen auch nicht die den Männern eigenen, positiven, wenngleich leider nur selten in Erscheinung tretenden Fähigkeiten und Eigenschaften beseitigt oder insgesamt als abnorm, krank, unfähig, zerstörerisch etikettiert werden. Schließlich beinhaltet Mannsein nicht nur Verwerfliches und Negatives.

Diese Ansicht vertritt auch Helmut Barz, wobei er seine kritische Wertschätzung für den Mann ein wenig bildhaft verkleidet vorträgt. Er vergleicht das männliche Prinzip mit Himmel und Tag (Frau: Nacht und Mond) und weist dem Mann die Symbolgestalten des Gesetzgebers, des Richters, des Königs, aber auch die des Hirten, des Arztes, des Weisen zu, der nicht nur Beschränkung und Ordnung herbeiführt, sondern auch Klarheit, Überblick und Gewißheit. Fernerhin sieht er in ihm den Wanderer, den Seefahrer, den Entdecker, dessen Anliegen nicht der Kreislauf (Frau), sondern der Gewinn von Neuem ist. Auch dem planenden, dem unterscheidenden, dem aktiven und zielstrebigen Mann mißt er solange Bedeutung bei, solange er sich nicht von seiner Natürlichkeit und Kreatürlichkeit, also seiner Gefühlsseite, abwendet.[7]

Selbst die Autorinnen Cheryl Benard und Edit Schlaffer, die mit Männern manchen Strauß ausfechten, können sich angesichts der kritischen Sichtung von Männerleben einer gewissen Zustimmung nicht entziehen. So loben sie beispielsweise den selbstbewußten Professionalismus von Männern, den sie allemal besser finden, als die so häufig zu beobachtende, verzagte Zurückhaltung von Frauen. Auch bezeichnen sie Männer mitunter als recht logisch, vernünftig, intelligent, rational, ambitioniert und stark, als ehrgei-

---

7 Vergl. hierzu H. Barz: Männersache. Kritischer Beifall für den Feminismus, Zürich 1987, S. 38 u. 92.

zig in einem positiven Sinne, verantwortungsvoll, prognostisch, ja mitunter sensibel.

Sie merken zwar kritisch fragend an, ob diese Eigenschaften nicht eher allgemein menschliche sind oder sein könnten und ob Männer sie nicht vorzugsweise zur Aufrechterhaltung patriarchalischer Herrschaftstraditionen einsetzen. Doch ihre Antwort darauf lautet, daß sie sich zur Zeit zwar noch überwiegend in Männerhand befinden und es wohl auch bleiben. Sie raten deshalb ihren Geschlechtsgenossinnen, sich solche Eigenschaften zu erobern, und legen Männern gleichzeitig nahe, unter Beibehaltung ihrer Qualifikationen sich der verschütteten, verdrängten, abgespaltenen, femininen Persönlichkeitsanteile anzunehmen, also das Schöpferische, das Weibliche in sich zu suchen. Auf eine Formel gebracht, läuft ihre Botschaft darauf hinaus, daß Frauen ein Stück männlicher und Männer ein Stück weiblicher werden sollten.

Ich denke, damit weisen sie gerade Männern den richtigen Weg. Sie ermuntern diese fernerhin, ihren Emotionen und Fantasien, Spontanitäten und allerlei Verrücktheiten freien Lauf zu lassen oder Kontrollen abzulegen und Unsicherheiten billigend in Kauf zu nehmen.

Auch die Kunst der Intuition oder die der Einfühlung zu erlernen und sich gegenüber neuen, ungewohnten Erfahrungen und Eindrücken oder Erlebnissen offen und lernfähig zu zeigen, stünde Männern gut an. Wenn dem tatsächlich stattgegeben würde, so ihre Ansicht, dann böte sich für sie die einmalige Chance, ihre Männlichkeit in einem umfassenderen, weitläufigeren Sinne und Verständnis zu erfahren bzw. sich und andere nicht länger um das halbe Leben zu betrügen.[8]

---

8 Vergl. hierzu Ch. Benard/E. Schlaffer: Männer, eine Gebrauchsanweisung für Frauen, Reinbek 1988.

Mann und Gewalt

»Feindlich ist des Mannes Streben,
Mit zermalmender Gewalt
Geht der wilde durch das Leben,
Ohne Rast und Aufenthalt.
Was er schuf, zerstört er wieder,
Nimmer ruht der Wünsche Streit,
Nimmer, wie das Haupt der Hyder
Ewig fällt und sich erneut ...

Streng und stolz sich selbst genügend,
Kennt des Mannes kalte Brust,
Herzlich an ein Herz sich schmiegend,
Nicht der Liebe Götterlust,
Kennet nicht den Tausch der Seelen,
Nicht in Tränen schmilzt er hin,
Selbst des Lebens Kämpfe stählen
Härter seinen harten Sinn.«[*]

Friedrich Schiller

In zwei Filmen, nämlich Pink Floyds »The Wall« und »Butterbrot« von Gabriel Barylli, wurde ich Zeuge von Exzessen männlicher Gewalt und Brutalität, deren Ursachen darin bestanden, daß sich Frauen von Männern trennten.

In dem ersten Film, offenbar eine lebensgeschichtliche Rückschau Pink Floyds, demonstriert der Hauptakteur in einem Anfall blinder Wut, wohin es führt, wenn Frauen unhaltbar gewordene Verbindungen aufkündigen und ihre Lebensgefährten bzw. Freunde ihrem Schicksal überlassen.

Der Darsteller hat sich infolge eines solchen Traumas in sein Appartement zurückgezogen und dämmert dort, inmitten eines

---

[*] Schiller. Sämtliche Werke in zehn Bänden. Berliner Ausgabe, Bd. I,
S. 256/257.

Chaos', bestehend aus Einrichtungsgegenständen, ungemachten Betten, leeren Flaschen, Eßwaren, Gerümpel usw. vor sich hin, hockt schwer depressiv vor dem Fernseher, der, so zeigt der Film, ihm darüber hinaus einen Gewaltspot nach dem anderen liefert. Reichlich unvermittelt gerät er mit einem Mal in besinnungslose Rage und zertrümmert im Zuge eines gewalttätigen Furors die gesamte Inneneinrichtung, bis kaum noch etwas davon heil bleibt. Die Verwüstung des Ambientes ist nach fünf Minuten perfekt.

Aber nicht genug damit. Nur ein letzter Rest von Selbstkontrolle hindert ihn daran, sich aus dem Fenster in den Tod zu stürzen. Nachdem er diesen Vorsatz fallengelassen hat, könnte man meinen, sei das Desaster in ihm und um ihn herum zu einem Ende gekommen. Doch die Spur der Selbst- und Fremdzerstörung wird weiterverfolgt. Seine Phantasie zeigt ihm Bilder, die seine Freundin genußvoll mit einem Fremden im Bett bei allerlei Liebesspielen zeigen. Um dem niederdrückenden Selbsthaß ein angemessenes Objekt der Spannungsabfuhr anzudienen, stellt er sich selbst zur Verfügung, greift zu einem Rasiermesser und schneidet sich in genußvoller Langsamkeit und Gründlichkeit die Augenbrauen ab bzw. rasiert sich die Brust. Dabei fließt, dank gewollter Unachtsamkeit, Blut auf die Brust, auf Hände und Wangen, auf weißen Rasierschaum, auf weißen Marmor – Blut als mystisches Elixier der Reinigung, der Initiation? Alles in allem also eine gelungene Orgie aus Verwüstung und Selbstverstümmelung!

Auch in dem zweiten Film ist die Dramaturgie eine ähnliche. Hier erzählt ein Mann seinen beiden Freunden, bei denen er in seiner Verzweiflung Zuflucht sucht, vom Verlust seiner Frau. Er hatte per Zufall die Nachricht eines Nebenbuhlers an sie in der gemeinsamen Wohnung entdeckt, die unmißverständlich über die Art der Beziehung Aufschluß gab. Für den Erzähler und Ehemann folgte daraus, daß dies das Ende, das endgültige Aus für ihn ist.

Auch er verfällt in eine Art Amokverhalten, ramponiert in einer beispiellosen Gewaltorgie das Bad und geht dann, was der Film allerdings nicht zeigt, gewalttätig gegen seine Frau vor. Dabei bricht er ihr das Schlüsselbein. Während er seinen Freunden die Beweggründe für sein »Austicken« deutlich zu machen versucht, dabei noch eine Art Absolution für sein Handeln von ihnen erhofft, vergißt er nicht zu erwähnen, daß er seinerseits an Wochenenden häufig ein paar »Miezen« abschleppte. Doch das sei ja wohl etwas völlig anderes als das, was seine Frau gemacht hätte.

Die Beispiele dieser und ähnlicher Gewaltausbrüche von Männern gegen sich selbst, gegen Sachen, insbesondere aber gegen Frauen ließen sich beliebig fortsetzen. Sie scheinen repräsentativ zu sein und fügen sich ein in eine lange Tradition, ein noch immer nicht abgeschlossenes Kontinuum männlicher Gewalt und Herrschaft.[1]

1 Die größere Aggressivität von Männern bzw. ihre erhöhte Gewaltbereitschaft läßt sich inzwischen hinlänglich anhand von Kriminalstatistiken nachweisen. Eine solche, erstellt von Dr. Georges Hengesch, einem Dipl. Psychologen vom Institut für gerichtliche Psychologie und Psychiatrie der Universität Homburg/Saar, macht deutlich, daß nur jeder vierte Straftäter eine Frau ist, das heißt, daß von den 1,3 Millionen Delinquenten, die die Polizei im vergangenen Jahr in der Bundesrepublik ermittelt hat, nur knapp ein Viertel, nämlich 23,3 Prozent Frauen, waren.

Das Fazit des Wissenschaftlers aus diesem Befund lautet, daß Männer bei der Bewältigung von Problemen generell aggressiver reagieren als Frauen. »Nur« jeder zehnte Mord wird von einer Frau verübt. Gleiches gilt für gewaltsame Körperverletzung. Frauen begehen auch weitaus seltener Raubüberfälle oder Straßenverkehrsdelikte. Einzig in der Gruppe der Ladendiebstähle stellen sie einen Anteil von mehr als einem Drittel.

Die Gesamtzahl der Untersuchten betrug 1 134 straffällig gewordene Bundesbürger und kann demzufolge als durchaus repräsentativ angesehen werden.

(Vergl. hierzu: Volksblatt, 7. 12. 1989, S. 24.)

Aber auch die beiden folgenden Überschriften, zwei Tageszeitungen des Jahres 1989 entnommen, machen den Zusammenhang von Geschlechtsspezifik und Gewaltbereitschaft nochmals deutlich:

Amokläufer erschoß 14 Frauen – Massenmord in der Universität von Montreal/krankhafter Haß auf Frauen.

(Volksblatt, 8. 12. 1989.)

Und: Türkische Feministin gefoltert und vergewaltigt – Tatverdächtiger wollte den Ausstieg seiner Exfreundin aus der Frauenszene erzwingen.

(Die Tageszeitung, 26. 7. 1989.)

Warum aber handeln Männer so? Was bewegt oder treibt sie, sich oftmals besinnungslos und bar allen besseren Wissens fortreißen zu lassen, nein, gezielt zu vernichten und zu zerstören?

Warum erfüllen sich Männer in Exzessen und Ausbrüchen dieser Art ihre Zerstörungsneigungen und -wünsche? Ist es tatsächlich so, daß Macht, Gewalt, Aggression und Herrschaft direkt unter der Oberfläche und dünnen Patina von Alltag und Wohlanständigkeit schlummern, um ihre kriminelle Energie zu entfalten, sobald man(n) ihnen Gelegenheit dazu gibt?

Was führt letztlich dazu, daß Männer sich ein um das andere Mal in kollektive Metzeleien verwickeln? Was treibt sie, nicht nur Frauen zu vergewaltigen, Kinder zu Tode zu prügeln, sondern sich reihum in Kriegen zu ersäufen, zu vergasen, zu verbrennen, zu verstümmeln, zu erstechen, zu ersticken oder millionenfach versaften zu wollen – Aggressionstrieb, Lust an der Vernichtung, Todestrieb?

Ich vermute, daß Männer Gewalt zur Lösung von Konflikten brauchen und einsetzen. Die Dramen aus Ehealltagen, aus Familienleben sprechen eine beredte Sprache. Da fliegen Stühle als Projektile durch die Luft, da werden Einrichtungsgegenstände zu Angriffswerkzeugen und urzeitliche Impulse von der Leine gelassen. Es wird gebrüllt, gedroht, geschlagen, verletzt, gezüchtigt, die Polizei, die Nachbarn zur Hilfe gerufen, um den ansonsten so biederen Beamten zu bremsen und daran zu hindern, völlig die Kontrolle zu verlieren. Wie bereits gesagt, schlägt sich der Macht- und Herrschaftsanspruch des Mannes in seinem Verhältnis zu Frauen, Kindern, Untergebenen, Schwächeren oder Außenseitern nieder. Da seine Vorherrschaft in den westlichen Industrienationen eine unleugbare Tatsache ist, wird auch erklärlich, warum diese Gesellschaften durchtränkt sind von Gewaltmanifestationen und Herrschaftsfakten.

Aus der Sicht des Mannes erscheint oft der Angriff als die angemessenste Reaktion, das verunsicherte Selbst zu verteidigen. Um dies zu bewerkstelligen, werden im »günstigen« Fall, unterhalb der Schwelle sozialen Gehorsams, gesellschaftlicher Konformität und Anpassung, jene Kräfte mobilisiert, die auf Demütigung, Diffamierung, Verächtlichmachung, gezielte Benachteiligung, auf Ausschluß, Konkurrenz, Ausgrenzung, Totschweigen oder Ignorieren hinauslaufen, im »ungünstigen« Fall aber auf offen ausgetragene körperverletzende Gewalt und Aggression abzielen.

Die anschließende Falldarstellung, die die Gefahr des Machtmißbrauchs verdeutlichen soll, hat mir im Zuge ihrer Niederschrift nochmals vor Augen geführt, daß in den Tiefen der seelischen Ökonomie Kräfte schlummern, die nur besonderer Umstände bedürfen, um entfesselt zu werden. Es wird hier von einem Bereich die Rede sein, der sich für die Hervorbringung und das Ausleben von Gewalt vortrefflich eignet: nämlich der Schule.

Macht und Herrschaft gehören zur Schule wie das Amen zum Gebet. Sie sind alltäglich und »normal«. Jeder Pädagoge weiß das oder sollte es zumindest wissen. Allein schon die sogenannte funktionale Herrschaftspraxis unserer pädagogischen Einrichtungen beweist das hinlänglich. Schulen werden in der Fachsprache der Soziologen als totale Institutionen bezeichnet. Darunter sind solche Einrichtungen zu verstehen, die durch eine unerbittliche Zwangsläufigkeit des Ablaufes, durch Eigengesetzlichkeit, durch bürokratische Befehlshierarchien, durch Rituale gekennzeichnet sind.

In der Schule gehören zu diesem Funktionszusammenhang auch die Benotungen und Disziplinierungen, die alles überlagernde Uniformität des Lernens, der sich weder Schüler noch Lehrer entziehen können. Was fernerhin an früh zugrunde gelegten seelischen Anomalien durch die in ihr Tätigen und damit an persönlichen Gewaltfakten in sie hineingetragen wird, darüber gibt das Folgende, das ich als Lehrer vor Jahren einmal niederschrieb, Aufschluß.

Die Faszination gegenüber Herrschaft und Machtausübung hatte mich schon einige Male in ihren Bann gezogen und doch zugleich wieder abgestoßen.

Dennoch fand sie in subtiler Form, mitunter in Zynismen, in ironisch-abschätzigen Bemerkungen den Schülern gegenüber ihren Ausdruck.

Sie fand zudem Eingang in Kommentare, die ich ihnen zu Zwecken der Kenntnisnahme durch die Eltern in die Hefte schrieb. Sie trat schließlich in Zeugnisköpfen, in Zensuren, in Randbemerkungen von

Aufsätzen, in Klassenbucheintragungen und Schülerakten in offener und verschleierter Form zutage. Meine »größten pädagogisch gelenkten Untaten« sprossen jedoch wie schillernde Sumpfblüten auf dem Nährboden meiner Phantasie. Hier brauchte ich mir keine Einschränkungen aufzuerlegen. Hier galten nicht die Regeln des Erlaubten oder Nicht-Erlaubten, weil ich niemandem zu Rechenschaft verpflichtet war und niemand diese Rechenschaft von mir fordern konnte.

Die phantasievollen Ausmalungen des Umganges mit den Schülern hielt ich lange gegenüber anderen zurück, weil meine Über-Ich-Instanz, d. h. die Selbstzensur in mir, das Eingeständnis dieser Tagträume, ohne massive Ängste vor Bestrafung und Ablehnung, niemals zugelassen hätte.

Wenn ich heute offen darüber sprechen und Mitteilung davon machen kann, dann allein deshalb, weil die Verdrängung dieser phantasierten Affekte zu keiner Lösung und zu keiner Bereinigung meines Verhältnisses den Schülern gegenüber geführt hätte, wie mir zunehmend klarer wurde.

Aber auch das Abklingen der von mir als »autistisch« bezeichneten Phase trug dazu bei. Zudem wurde ich in die Lage versetzt, mein Verhältnis zu den Schülern im Laufe der darauffolgenden Jahre so gut wie völlig umzukehren. Damals, in Stunden der realen oder eingebildeten Bedrohung und Demütigung allerdings flüchtete ich in kindliche Größenphantasien, um mich vor den vermeintlich qualvollen Erniedrigungen und Herausforderungen zu schützen.

Sie unterschieden sich kaum noch von den typisch militanten Ideologien männlichen Pseudo-Heldentums, wie sie von zahlreichen Italo-Western transportiert werden.

Da mir Kapitulation und Klage als das größere Übel erschien, ich aber zugleich auch nicht schweigend-verbissen unterzugehen gedachte, trat ich die Flucht nach vorn an, postierte in Gedanken, *während ich zu unterrichten versuchte, auf dem Lehrerpult ein Maschinengewehr und mähte in aufkommender Wut und zügellosem Haß mit einer Salve nach der anderen alles nieder, was gegen »Gesetz und Ordnung« in der Klasse verstieß. Die Kenntnis dieses Kriegshandwerkes entnahm ich, neben dem, was Film und Fernsehen an Einblikken und Anschauung boten, E. Jüngers »In Stahlgewittern«, L. Renns »Krieg« oder den Schriften des italienischen Faschisten und Kriegs-*

40

verherrlichers G. D'Annunzio, die mich alle auf eine merkwürdige Art ansprachen. Das gleichzeitige Entsetzen über meine Militanz und den Umstand, im Gegensatz zu meinen ethisch-pazifistischen Auffassungen und Lebenseinstellungen zu handeln, wurde einzig dadurch ein wenig gemildert, daß ich mich damit tröstete, hier handele es sich ja schließlich nur um Gedankenspiele, um reine Produkte einer zügellosen Phantasie. Doch waren Tröstungen wie diese für mich wenig überzeugend, weil nicht nur meine Ideale und Ziele zunehmenden Belastungen unterlagen, bis sie schließlich ganz verschwanden und Unterricht und Klassenführung für mich zeitweilig nur mehr eine Frage des »Überlebens« war. Zugleich geriet mein vermeintlich festgefügtes erzieherisches Weltbild ins Wanken und alle meine Träume von einem kleinen Eiland der Menschlichkeit, einem alternativen Milieu im Rahmen der Schule im allgemeinen, meiner Klasse im besonderen – ich Robinson Crusoe, meine Schüler lauter sympathische Freitage – lösten sich auf oder wurden von der »brutalen« Wirklichkeit, mit der ich mich konfrontiert sah, erdrückt und überholt. Anstelle dessen vollzog sich in mir die Veränderung zum Prototypen des autoritären Charakters, den ich vormals mit aller Vehemenz bekämpft hatte.

Verblüffend und überraschend kam für mich die Erkenntnis, daß meine gewalttätigen Tagträumereien, meine wahnhaft kompensatorische Phantasietätigkeit und die aggressiven Einbildungen einer allmählichen Verwandlung unterlagen, an deren Zustandekommen ich nur bedingt beteiligt zu sein schien. Das heißt, die Brutalität verlor sich allmählich und schuf Platz für weniger erschreckende Visionen. Entgegen meinen Erwartungen auch blieb die befürchtete Chronifizierung meines mehr als zweifelhaften Krisenbewältigungsversuches aus. Nach einigen Monaten nämlich war ich schließlich in meinen Tagträumen so weit, meinen Maschinengewehrposten zu räumen und ihn durch ein sogenanntes Injektionsgewehr zu ersetzen. Von dieser Waffe wußte ich, daß damit in Zoologischen Gärten, in Praxen von Veterinärmedizinern oder in freier Wildbahn Großwild in einen vorübergehenden Tiefschlaf geschossen wird, um es zu Forschungszwecken zu markieren, um Lebensgewohnheiten zu studieren oder aber um Operationen durchzuführen.

Um 12.30 Uhr, an einem Montag, also stak zum ersten Mal, infolge eines gezielten Schusses, eine solche Injektionsladung in L.s Oberschenkel, da er sich um nichts in der Welt dazu überreden ließ, die Beine vom Tisch herunterzunehmen, und durch seine offene Provokation die Aufmerksamkeit der Klasse in Anspruch nahm und mich zur »Weißglut« trieb. Mit seltsam glasigem Blick und entrücktem Gesichtsausdruck sank er unverzüglich zur Seite und wachte erst – allerdings immer noch leicht benommen – mit dem Klingelzeichen, das das Ende des Unterrichts anzeigte, wieder auf. Ihm folgten in kurzen Abständen drei bis vier andere Schüler – alles Mitglieder der Rockerclique der Klasse – bis ich gewiß sein konnte, daß die Atmosphäre, die mir zum Arbeiten notwendig erschien, hergestellt war. Zwar frohlockte ich innerlich über meine Erfolge, kam mir aber nach wie vor lächerlich und brutal vor. Zudem befanden sich L.s Beine realiter immer noch dort, wo sie auch vorher schon waren.

Einige Zeit später wiederum, d. h. mit zunehmender beruflicher Kompetenz und Entspannung des Verhältnisses zwischen mir und den Schülern, stellte ich auch diese Waffe in der Auseinandersetzung mit meinem eigentlich ängstlich-gehetzten Selbst in die Requisitenkammer meiner Sammlung und begann mit Pawlowschen Reflexen bzw. mit Konditionierungen zu experimentieren. Das vormals Tödlich-Makabre meiner Einstellung wandelte sich damit zum Tragisch-Komischen. Ich stellte mir vor, ich wäre im Besitz eines Schaltpultes, ähnlich wie ich es in dem Sprachlabor, in dem ich Englisch als Fremdsprache unterrichtete, besaß. In seinem Inneren liefen die elektrischen Drähte zusammen, die mit den Stühlen der Schüler verbunden waren. Diese saßen auf einer in dem Sitz eingelassenen Metallplatte, die ich beliebig, nach Maßgabe der Störung mit einem elektrischen Impuls beschicken konnte. Immerhin war ich inzwischen in meiner Rolle soweit entbarbarisiert, daß mir die Erteilung von Schmerzreizen überflüssig erschien. Anstelle dessen machte ich per Knopfdruck hin und wieder auf den Unterricht und meine Anwesenheit aufmerksam.

In letzter Konsequenz verschwand aber auch diese Apparatur, weil ihr Gebrauch allmählich überflüssig wurde. Ich fühlte mich in der Lage, ohne die beschriebenen Krücken und ohne Maske meine ersten wirklichen pädagogischen Gehversuche zu unternehmen und empfand

die allmähliche Normalisierung als wohltuend. Der »aufrechte Gang«
sollte mir zwar erst später gelingen, aber er deutete sich zumindest
schon an. Bei meinem letzten Modell der Herrschaftsausübung und
Kontrolle über die Schüler stand – parallel zu den genannten Autoren
des ersten Beispiels – das Experiment von S. Milgram Pate. Lange
bevor ich in den Schuldienst eintrat, wurde es in meiner Studentenzeit
heftig und leidenschaftlich diskutiert. Ich erinnere mich, damals
entrüstet den Gedanken zurückgewiesen zu haben, ich könne mich
real oder im Rahmen eines ähnlichen Vorganges zu Handlungen
dieser Art hinreißen lassen. Die von S. Milgram ausgewählten
Versuchspersonen, die willens und in der Lage waren, zum Teil
tödliche Stromstöße ihren Opfern zuzumuten, erschienen mir als
menschlich »niedrigstehend« – ich rückte sie sogar in die Nähe von
KZ-Aufsehern.

Zugestanden, meine Erfahrungen haben mich gelehrt, vorsichtiger
zu sein. In Gedanken jedenfalls hatte ich die Grenze bereits überschrit-
ten und befand mich mehr diesseits von »Böse« bzw. jenseits von
»Gut«.

Zur Erklärung des Gewaltphänomens und der Aggressionsbe-
reitschaft werden immer wieder unterschiedliche Theorien bemüht, die leider nicht selten in akademische Fachdiskussionen
und subtile Spitzfindigkeiten bzw. Haarspaltereien münden, um
sodann darin zu versanden. Ihr praktischer Erkenntnisgewinn bewegt sich dabei oft gegen Null. Diese Theorien hier wiederzugeben
erübrigt sich insofern, als einschlägige Texte und Belegautoritäten
darüber ausführlich und detailliert Auskunft geben. Es erscheint
indessen unbestritten, daß es zunächst einmal ein sogenanntes
strukturelles Gewaltphänomen bzw. Gewaltpotential gibt. Dieses
erwächst aus administrativen, bürokratischen, institutionellen Zu-
sammenhängen und Verkehrsformen unserer Gesellschaft und
wurde bereits vor mehr als einem halben Jahrhundert von dem
namhaften Soziologen Max Weber thematisiert. Zu dem hier und
heute vorfindlichen Gewaltpotential, das auch im Sinne struktu-
reller Gewalt gedeutet werden kann, gehört unter anderem die An-
häufung von Vernichtungswaffen, das Horten von atomaren, che-
mischen, biologischen oder konventionellen Overkillkapazitäten,
das alle bisherigen kriegstechnischen Erfindungen zu reiner Ma-
kulatur verkommen läßt.

Ein weiteres strukturelles Gewaltphänomen kann alltäglich in Form des sich metastasenartig ausbreitenden Individualverkehrs mit seiner erschreckenden Jahresbilanz an Toten, Schwerverletzten, Verkrüppelten, anhand einer sterbenden Natur, anhand des Ausverkaufs von Landschaften zu Zwecken des Straßenbaus, anhand verpesteter Atemluft und den daraus erwachsenden Folgen wie Lungenkrebshäufungen, Erkrankungen der Atemwege, Pseudokrupp bei Kindern, Abbau allgemeiner Lebensqualität durch Lärm und sogenannten ruhenden Verkehr etc. beobachtet werden.

Strukturelle Gewalt begünstigt und fördert die Bereitschaft zur individuellen Zerstörung und umgekehrt. Diese unselige Wechselwirkung, täglich von Millionen Mitbürgern geduldet und gefördert, dürfte unbestritten sein. Der beispielsweise besinnungslos dahinrasende »Motorsport-Fan« und »Freizeit-Ralleypilot«, der seinem technisch aufgeblähten Ego huldigt, ist ebenso ein allseits zu beobachtendes Phänomen wie der Autoaufkleber »Tempo hundert kein Problem – in 8,5 Sekunden« oder »Mein Auto fährt auch ohne Wald«, dem ist im Hinblick auf Hirnlosigkeit und Einfalt nichts mehr hinzuzufügen. Soviel sollte indessen festgehalten werden: Der weitverbreitete Schädigungswille, die latente und offene Bereitschaft, Gewalt oder Aggression zur Lösung von Konflikten, zur Bewältigung unbewußter Triebimpulse, zur Durchsetzung des eigenen Machtwillens einzusetzen, erwächst primär aus einer gesellschaftlich bedingten Geschlechtsspezifik.

Dieser Geschlechtsspezifik zufolge suchen Männer häufiger als Frauen, gerade in Situationen der Hilflosigkeit, der mangelnden Kontrolle und Beherrschung, des Geltungsstrebens Zuflucht in gezieltem Schädigungsverhalten. Dabei ist – entwicklungspsychologisch oder sozialisationstheoretisch betrachtet – die rollenkonforme Erziehung von Jungen von ganz erheblichem Gewicht. Denn schon sehr früh wird der Heranwachsende in das Prokrustesbett männlicher Verhaltenserwartungen gesteckt, um dort zu erfahren und zu erleben, was Mannsein bedeutet, was von ihm als Mann gefordert wird. Während Mädchen im großen und ganzen auf eine naturwüchsige Art in ihre Rolle als Frau hineinwachsen, vollzieht sich diese Rollenübernahme bei Jungen überwiegend durch Zwang und Unterdrückung. Zudem werden Jungen für abweichendes Verhalten von dieser Rolle mehr und häufiger bestraft als Mädchen.

Die damit einhergehende Abspaltung positiver Gefühle, liebevoller Verbindungen zu sich selbst und anderen, schafft ein Vakuum der Unsicherheit und Hilflosigkeit im Gefühlsleben, in das hinein Kampf, Härte, Gewalt usw. als Ausgleich oder Ersatz drängen. Eine mögliche Folge davon ist, daß sich der Mann – wie in den beiden genannten Filmen – durch Gewaltanwendung aus der gefühlsmäßigen Isolation oder aus Hilflosigkeit, Trauer und Angst befreit. Mit anderen Worten: Weil der Förderung seelisch-emotionalen Wachstums bei Jungen ein weitaus untergeordneter Rang beigemessen und anstelle dessen betont Wert auf instrumentelle, funktionale oder rationale Leistung gelegt wird, kommt es immer wieder dort zu zerstörerischen Affekten, zu Wut- und Zornesausbrüchen, zu Herrschaft und Unterdrückung, wo diese Art »Qualifikationen« zur Bewältigung von Lebenssituationen nicht ausreichen oder gar versagen.

Die allseitige Entfaltung der Sinne, die Kunst des Genießens, der Hingabe, der Muße, die Kultivierung lebensfördernder Impulse, der Liebe und Sexualität, die Betonung von Hilfsbereitschaft, Solidarität und Gemeinschaftsgefühl nämlich gehören für gewöhnlich nicht zum Standardrepertoire männlicher Erziehung. Im Gegenteil: Die meisten dieser Eigenschaften werden früh gebremst, umgelenkt, gezielt ignoriert oder unterdrückt, und zwar zugunsten übertriebener Leistung, zugunsten von krankhaftem Ehrgeiz, übertriebenem Fleiß, von Anpassung, Konkurrenz, Durchsetzungsvermögen, Statusdenken und Prestigeverhalten. Männliche Erziehung zielt also unbewußt auf die Erzeugung eines chronischen Mangels an natürlichen Grundbedürfnissen zugunsten einer höchst zweifelhaften Stärkefassade ab.

Ein weiterer Aspekt der Entstehung von Männlichkeit und dem damit verbundenen Vormachtstreben dürfte aus einer frühen Mutter-Sohn-Bindung erwachsen.

Was heißt das? Zunächst einmal sind alle Männer von Frauen geboren und von diesen aufgezogen worden – selbst dann, wenn es nicht die leiblichen Mütter waren, in deren Obhut sie aufwuchsen. Infolge dieser frühen Bindung an die Frau kommt es bei Jungen zur Einlagerung und Abspiegelung von weiblichen Anteilen, die allerdings vom 2. Lebensjahr an nach und nach negativ besetzt und oftmals nolens volens aus dem Gefühl und Erleben wieder herausgedrängt werden, bis der Prozeß der Selbst- und Fremddomestikation als Mann abgeschlossen ist.

Anders ausgedrückt: Frauen sind für kleine Jungen über einen langen Zeitraum hinweg nahezu ausschließliche Bezugspersonen. Erst der von außen kommende soziale Druck, erst das keimhafte Erkennen geschlechtlicher Andersartigkeit im Verhältnis zur Mutter, erst die von der Mutter an den Jungen herangetragene Haltung: Du bist ein Junge und damit anders als ich, führt zur allmählichen Ablösung von dem Ur-Objekt männlicher Vorbildorientierung.

Daß dieser Vorgang nicht ohne Krisen, Brüche und Sprünge in der Biografie des Kindes verläuft, wird kaum verwundern. Daß er mitunter in die Furcht vor Weiblichkeit oder gar in Homophobie bzw. rambohafte Überkompensation einmündet, dafür gibt es genügend Belege – zum Beispiel die schroffe Zurückweisung von Jungen, »schwul« zu sein, bzw. die gesellschaftliche Diskriminierung, die das »Schwulsein« heute noch erfährt.

Die Aneignung eines von der Frau unabhängigen, maskulinen Selbst verlangt von dem Mann also »seine Identifikation mit der Mutter aufzugeben, seine vitale Abhängigkeit von Frauen zu verleugnen und Weibliches in sich selbst zu unterdrücken. Machismus, Hypermaskulinität und Männergewalt können in solchem Zusammenhang als Ausdruck jener großen Unsicherheit interpretiert werden, die viele Männer in ihrer männlichen Identität empfinden. Männlichkeit entsteht also in der negativen Abgrenzung von Weiblichkeit und nicht in positiver Identifikation mit männlichen Vorbildern: In der Industriegesellschaft ist der Vater keine positive Identifikationsfigur, und auch im Erziehungsprozeß spielt er kaum eine Rolle.«[2]

Es läßt sich unschwer erkennen, daß es in der Folge solcher Entwicklungen zu Spannungen oder Frustrationen kommen kann. Ob diese nun gezielt in zerstörerisches Machtstreben, in Gewalt ein-

2 W. Hollstein: Nicht Herrscher aber kräftig. Die Zukunft der Männer, Hamburg 1988, S. 138.

münden, müßte am einzelnen Fall überprüft werden. Mit anderen Worten: Es verbietet sich hier, eine ungebrochene Verbindung zwischen Mutter und Sohn zu knüpfen, ohne weitere, auch außerhalb der Person liegende Beweggründe und Ursachen zu berücksichtigen.

Dennoch kann mitunter eine Art Wechselwirkung nicht ganz ausgeschlossen werden. Volker Elis Pilgrim hat im Zuge der Sichtung und Auswertung umfassenden Materials in seinem Buch »Muttersöhne« auf diesen Zusammenhang hingewiesen. Er stellt die Hypothese auf, daß ein Großteil männlich-destruktiven Verhaltens die Folge einer Fehlidentifizierung des männlichen Kindes in und mit seinem Ursprungsmilieu ist, genauer gesagt, eine Überidentifizierung mit der Mutter und einen Verlust an Identifizierung mit dem Vater darstellt.

Inwieweit Pilgrims Modell einer erfahrungswissenschaftlichen Überprüfung standhält, kann und soll hier nicht weiter verfolgt werden. Immerhin ist das Nachdenken über seine Hypothese durchaus lohnenswert.[3] Aber selbst bei vorsichtiger Bewertung dieses Sachverhaltes kann als unbestritten gelten, daß Männer gemeinhin aggressiver sind als Frauen.

Daran läßt auch Ekkehard Kloehn keinen Zweifel. So stellt er in Anknüpfung an vergleichende psychologische Forschungsergebnisse fest:

»Was immer man beobachtet und gemessen hat: Rauhbeinertum und Raufen beim Spiel, rituelle Kämpfe, Drohverhalten in Mimik und Gestik, verbale Attacken, direkte Angriffe auf Menschen und Sachen, aggressive Phantasien, Bereitschaft, Schmerzen zuzufügen, die Männer und die Jungen stellen sich stets als die aggressiveren heraus. Und das bereits von dem frühen Zeitpunkt an, von dem an Kinder beginnen, miteinander zu spielen – etwa mit zwei, zweieinhalb Jahren.«[4]

Der phallokratischen Identität und dem damit einhergehenden Macht-Gewalt-Monopol des Mannes liegt aber noch eine weitere

3 Vergl. hierzu V. E. Pilgrim: Muttersöhne, Reinbek 1989.
4 E. Kloehn: Typisch weiblich – typisch männlich? Geschlechterkrieg oder neues Verständnis von Mann und Frau, Hamburg 1986, S. 63.

Ursache zugrunde – und zwar die männliche Körperfeindlichkeit bzw. die fortschreitende Entfremdung des Mannes von seiner natürlichen bzw. kreatürlichen Herkunft.[5] Ich gehe davon aus, daß trotz aller vordergründigen Liberalisierung die Erziehung des Jungen immer noch von einem gerüttelt Maß an Leibfeindlichkeit bzw. Puritanismus gekennzeichnet ist und daß sich ein über Jahre hinweg gestauter, angeschirrter, bewegungsgehemmter Organismus infolge seiner Knebelung in einem fortwährenden Zustand der Anspannung und Erregung befindet.

Das heißt, ein Mensch, der in seinem Körper frustriert ist oder sich in diesem nicht heimisch fühlt, der ihm Rätsel aufgibt, ihn verwirrt, verstört, ein Mann, der darüber hinaus von seinen zarten, liebevollen Gefühlen abgenabelt, von seiner Natürlichkeit entfremdet lebt, weiß sich oftmals keinen anderen Weg als den der Wut, der Zerstörung, wenn dieser Körper sich seinem Diktum entzieht. Schon ein vorläufiger Blick genügt, um zu erkennen, daß es infolge früher Zurichtungen gerade in der Sexualität zu mancherlei Störungen kommt, weil sich der männliche Körper und seine Reaktionen der schlichten Instrumentalisierung und willentlichen Verfügung verweigert.

Dabei kann es durchaus geschehen, daß infolge der Zurückweisung durch die Frau, durch Ohnmacht oder Hilflosigkeit Affekte wie Wut, Zorn und Haß beim Mann hervorgerufen werden, die unvermittelt auf den Partner, auf Untergebene, auf Sachen, Kinder oder die Frau prallen. Der Mann quält sich, leidet, reibt sich wund am Leben, an den Mitmenschen. Er giert nach Anerkennung, nach Geltung, nach Entlastung, nach Geborgenheit, nach Beherrschung, nach Ausbruch aus der Routine, der Bewegungslosigkeit, der Entpflichtung von Alltag, Familie oder ausgebrannter Bindung.

Aus dieser Perspektive betrachtet, läßt der kreative Umgang des Mannes mit seinem Körper also mehr als zu wünschen übrig. Denn weder ist er mit diesem weitgehend identisch, noch fördert er seine biophilen (Erich Fromm), lebensbejahenden bzw. regenerativen Kräfte und Anlagen. Anstelle dessen weicht er in Gewalt und

5 Vergl. hierzu auch das Kapitel »Mann und Körper«.

Zerstörung aus, sobald sein intellektuelles Instrumentarium zur Lösung einer für ihn bedrohlichen Situation wie Trennung, Verweigerung der Sexualität usw. versagt bzw. nicht mehr ausreicht.[6] Der Körper als lebendiger, wachstumsorientierter Organismus will aber im Grunde alles andere als gestaucht, gepreßt, eingepfercht werden. Es widerspricht seiner Natur, wenn man(n) seine Bedürfnisse mißachtet und er in Schmerzlosigkeit, fleischiger Dumpfheit oder Gefühllosigkeit für spätere Männereventualitäten konditioniert wird. Seine Rolle am Marterpfahl des Alltags ist ihm zuwider, wiewohl man(n) sie ihm ständig aufnötigt und er sie auch solange hinnimmt, bis er unvermittelt eines Tages im Affektrausch sich »befreit« und eine Spur von Verwüstung hinter sich herzieht.

Es ist nicht ungewöhnlich, daß das, was im männlichen Leib früh aufbegehrt, als kindlich, kindisch abgetan wird, weil es sich für den funktionalisierten Körper in einer lust- und lebensfremden Arbeitswelt nicht eignet. Es entspricht zugleich einer allgemeinen Erfahrung, daß in einer Gesellschaft, die an die Stelle genußvollen Körperbewußtseins den Drill und den Zwang gesetzt hat, ein Mann nur etwas taugt, wenn er sich dieser »Wahrheit« unterwirft. Der zur Ohnmacht verurteilte Körper, wie er heute beispielsweise noch in überwiegend frontaler Sitzordnung über sechs und mehr Unterrichtsstunden in unseren Schulen zurechtgestutzt wird, aber läßt sich nicht ungestraft anketten. Er sucht sich zu gegebener Zeit und aus gegebenem Anlaß ein Ventil. Er drängt zur Spannungsabfuhr in Form der Grenzüberschreitung durch Zorn, Affekt, Gewalt.

Der Mann aber muß, um Gewalt und Herrschaft zu zügeln, aus dem unseligen Drill, der krankmachenden Dressur seines Leibes, auch um einer menschenfreundlicheren Wirklichkeit willen, aussteigen. Er muß damit beginnen, sich und seinen Körper zu beja-

6 Vergl. hierzu S. Metz-Göckel/U. Müller: Der Mann – die Brigitte. Studie, Basel 1986, S. 51. – Es heißt da, die Ergebnisse einer empirischen Untersuchung zusammenfassend: »Zumindest in der Vorstellung, so müssen wir folgern, ist die Gewalt in Situationen, in denen das Selbstbild oder sexuelle Bedürfnis verletzt oder gestört wird, für Männer sehr naheliegend.«

hen und in ihn hineinzuhorchen, um in ruhigen Augenblicken der Einsicht und der Erkenntnis seine Botschaften verstehen zu lernen.

Vor etwas mehr als einem halben Jahrhundert noch konnte ein Schriftsteller wie Ernst Jünger seine Sprachmächtigkeit in den Dienst des männlichen, des soldatischen Pathos stellen. Er traf mit seiner folgenden Vision den Kern des männlich-zerstörerischen Wesens, das sich in zwei Weltkriegen gewalt- und todessüchtig austoben konnte. Er orakelte:

»Es war eine ganz neue Rasse, verkörperte Energie, mit höchster Wucht geladen. Geschmeidige, hagere, sehnige Körper, markante Gesichter, Augen in tausend Schrecken unterm Helm versteinert. Sie waren Überwinder, Stahlnaturen, eingestellt auf den Kampf in seiner gräßlichsten Form. Ihr Anlauf über zersplitterte Landschaft bedeutete letzten Triumph fantastischen Grausens. Brachen ihre verwegenen Trupps in zerschlagene Stellungen, wo bleiche Gestalten mit irren Augen ihnen entgegenstarrten, so wurden ungeahnte Energien frei. Jongleure des Todes, Meister des Sprengstoffes und der Flamme, prächtige Raubtiere, federten sie durch die Gräben. Im Augenblick der Begegnung waren sie der Inbegriff des Kampfhaftesten, was die Welt tragen konnte, schärfste Versammlung des Körpers, der Intelligenz, des Willens und der Sinne.«[7]

Die Schilderung und Beschreibung dieser Kampfmaschine ist eine Ode an das Mannestum schlechthin. Heute würde der Autor, so hoffe ich, dafür nur noch Spott oder Unverständnis ernten. Doch machen wir es uns nicht zu leicht: Ein Stück der reaktionären Utopie Ernst Jüngers haftet uns Männern immer noch an. Ich jedenfalls nehme solche Darstellungen mit einer Mischung aus Abscheu *und* Faszination zur Kenntnis. Die unheilvolle Bündelung von Gewalt in den Händen, den Köpfen, den Körpern, den Seelen der Männer hat also auch hier ihre Wurzeln.

Als eine nicht minder entscheidende Ursache für die Entstehung von Aggression und Herrschaft bei Männern muß zudem

---

7 Ernst Jünger: Kampf als inneres Erlebnis. Hier zitiert nach K. Theweleit: Männerfantasien – Männerkörper. Zur Psychoanalyse des weißen Terrors, Bd. 2, Reinbek 1980, S. 85.

ihre Angst vor Hilflosigkeit und Wegfall von Kontrolle bzw. Einflußnahme genannt werden. Das aufgeführte Beispiel aus der Schule sollte hier noch einmal in Erinnerung gerufen werden. Es ist zu vermuten, daß Männer insbesondere in Situationen, in denen sie die Grenzen ihrer Macht und vermeintlichen Selbstherrlichkeit vor Augen geführt bekommen, zu Gewalt und Unterdrückung greifen. Denn mit dem herkömmlichen Mannsein geht das Image einer, entschlossen, furchtlos, entschieden, klar, souverän, überlegen, kalkuliert, rational, Haltung wahrend auftreten zu müssen.

Sich gehen zu lassen, gilt ebenso als »weibisch« wie die sogenannte Contenance zu verlieren. Männer definieren sich über diese Eigenschaften und halten sie hoch wie eine Flagge im Schlachtgetümmel. Dabei liegt es auf der Hand, daß es bei ihrer Infragestellung oder Bedrohung durch Umstände, die das Leben manchmal so mit sich bringt, zu kämpferischen Posen, Gebärden und Handlungen kommt. Diese sollen die ursprüngliche Überlegenheit über den Gegner oder eine aus dem Ruder gelaufene Situation wiederherstellen. Man(n) nimmt den »Herr im Haus«-Standpunkt ein oder zeigt einmal so richtig, was »eine Harke« ist.

Insbesondere in ehelichen Verbindungen tritt diese Art männlicher Herrschaftsanspruch immer wieder zutage. Denn der Mann als Familienvorstand betrachtet sich als Richter, als Zensor über das Verhalten der Frau und der Kinder. Er stattet sich mit Autoritätsbefugnissen aus, die er aus immer noch gängigen Gewohnheiten und Traditionen ableitet. Das gibt ihm das »Recht« zu urteilen, zu bewerten, zu delegieren, zu sagen, was richtig und was falsch ist, was getan werden muß und was nicht. Der Mann legt die Sanktionen fest und vollstreckt sie. Männer beanspruchen für sich also ungefragt die Funktion von Kontroll- und Norminstanzen in der Ehe. Ihre Verfügungsmacht ist um so größer und wirkungsvoller, je ungebrochener sich Frauen diesem Status unterwerfen, je stärker sie an dieser Rollenteilung festhalten, je mehr sie die Identität des »pater familias« stützen und fördern. Die Unterwerfung der Frau geht dabei einher mit der Stärke der Männer – oder anders ausgedrückt: Die Schwäche der Frauen ist die Stärke der Männer.

Eine solche Rangfolge besitzt selbstverständlich nur so lange Gültigkeit, wie alle Rollenträger darin den ihnen zugewiesenen Platz einnehmen und die ihnen zukommende Aufgabe erfüllen. Offene oder unverschleierte Gewalttätigkeit tritt in jenem Augenblick in Erscheinung, wo sich Frauen diesem Diktat entziehen – sei es, daß der Leidensdruck einer unerfüllten Ehe sie dazu zwingt, sei es, daß sie »Fremdgehen« oder sich aus anderen Gründen der dumpfen Gebanntheit entziehen.

Das Größenselbst des Mannes erhält damit einen mächtigen Schlag. Das System der Abhängigkeiten kippt um, wobei es nicht ungewöhnlich ist, daß der Mann mittels Gewaltanwendung, Drohung, Einschüchterung oder Mißhandlung den vormaligen Zustand wiederherzustellen beabsichtigt und die Vorherrschaft und Überlegenheit retten will. Daraus kann geschlossen werden, daß die Selbstachtung des Mannes also zu großen Teilen auf der Vorstellung seiner Wichtigkeit und Bedeutsamkeit beruht – einer Wichtigkeit und Bedeutsamkeit, die einer kritischen Durchleuchtung oftmals nicht standhält. Statt seinen Gefühlen und Intuitionen ein Stück weit zu vertrauen, statt sich das eine oder andere Mal zu Hilflosigkeit und Schwäche zu bekennen und auf das Luther-Wort »Hier stehe ich und kann nicht anders« zu bauen, klappt der Mann sein Visier herunter, wirft sich in die Brust und stürzt sich mit wilder Entschlossenheit in die »Schlacht«.

Oder: Anstatt, wie ich es bei Frauen beobachte, Intimität und Nähe zu suchen, um sich damit weniger verwundbar und kränkbar zu machen, beziehen Männer Positionen, die ihnen Bewunderung und Anerkennung garantieren. Diese sollen sie vor Angst und Hilflosigkeit schützen. Sie sollen ihre Eitelkeit zur Geltung bringen und jenes Machtpotential garantieren, dessen sie bedürfen, um nicht ihren Hunger nach Liebe und Zuwendung bzw. den Wunsch nach unverstellter Daseinsberechtigung zu sehr nach außen dringen zu lassen. In einer von maskulinen Werten gekennzeichneten Umwelt könnte ihnen das als Schwäche oder Weinerlichkeit ausgelegt werden.

Im wesentlichen besteht also der Motiv- und Ursachenkomplex für die Hervorbringung von Gewalt, Macht oder Herrschaft bei Männern aus vier Einzelfaktoren – nämlich der Angst vor der eigenen Schwäche und Hilflosigkeit, einer niemals ganz überwundenen Mutterbindung und dem damit verbundenen betont phallokratischen Gebaren, der Abwehr von Gefühlen und schließlich einer Leibfeindlichkeit, die ihre Ursprünge in einer umfassenden Entfremdung des Mannes von seiner natürlichen Herkunft hat.

Diese subjektiven Erlebnisformen, die keinesfalls Anspruch auf Vollständigkeit erheben, werden selbstverständlich begünstigt und gefördert durch die eingangs erwähnten strukturbedingten Gewalt- und Herrschaftsmanifestationen, zu denen – nur um ein weiteres Beispiel herauszugreifen – heute noch die Institution Ehe gehört. Ohne die Frage nach Funktion und Aufgabe der Ehe hier im Detail weiterzuverfolgen, sei dennoch soviel angemerkt: Die Geschichte dieser Einrichtung ist im wesentlichen die einer gewaltsamen Unterwerfung der Frauen unter die Männer, also eine Geschichte der Gewalt, des Sexismus, mit einer Jahrtausende währenden Tradition. Das weltweite Patriarchat mit seinen regionalen Ausprägungen und Strukturen zwang Frauen von jeher in eine Art Leibeigenschaft zum Mann und damit in die Unfreiheit und Bewegungslosigkeit. Im wahrsten Sinne des Wortes konnte das bis vor noch nicht allzu langer Zeit in China beobachtet werden. Dort entsprach es gängigen Gewohnheiten und Gebräuchen, den Frauen unter unsäglichen Schmerzen bereits im Kindesalter die Füße abzubinden. Nicht ein obskures Schönheitsideal war – wie oft angenommen – der Grund dafür, sondern die Tatsache, daß ihnen damit die Möglichkeit genommen wurde, wegzulaufen.

Auf dem indischen Subkontinent trieben Männer Jahr um Jahr unzählige ihrer Frauen in den »freiwilligen« Selbstmord (Witwenverbrennung), bis die britischen Kolonialherren dieser mörderischen Tradition ein Ende bereiteten.

Auch in Afrika verfügte und verfügt das Patriarchat immer noch gewaltsam über die Lust und den Körper der Frauen und zwar in Form der Klitorisbeschneidung (Ägypten) bzw. des Zunähens der Scheide bis auf eine kleine Öffnung (Infibulation). Es metzelte in Europa aber Tausende Frauen im Namen der Religion nieder oder verbrannte sie als Hexen. Dabei waren es stets Männer, die der Inquisition und den Autodafés vorstanden. Männer hielten sich Frauen als Leibeigene, nötigten sie zur Prostitution oder erklärten sich in Literatur, Kunst und Religion zu Verwaltern ihrer Seele. Darüber hinaus besaß der Mann lange Zeit das Züchtigungsrecht über die Frau und besitzt es im Islam immer noch.

Es zeigt sich also fast durchgängig, daß die gesellschaftliche Ordnung, selbst im ausgehenden 20. Jahrhundert, auf der Unterdrückung, auf der sozialen und wirtschaftlichen Ungleichstellung der Frau basiert. Dabei hat es zunächst den Anschein, als seien die religiös oder staatlich gelenkten kollektiven Formen der Herrschaftsausübung über die Frau zumindest im Westen inzwischen Fußnoten der Geschichte. Ich möchte dazu kein abschließendes Urteil abgeben. Für hier und heute gilt indessen: Die Beherrschung der Frau durch den Mann, so wie sie geschichtlich bekannt wurde, bedarf zum jetzigen Zeitpunkt nicht mehr unbedingt der körperlichen Gewalt, um ihre Wirksamkeit unter Beweis zu stellen. Denn das System der Sozialisation der Geschlechter ist hinreichend perfekt und die Zustimmung zu diesem ist in einem Maße anerkannt, daß die gewaltsame Durchsetzung oft kaum noch notwendig erscheint.

Daß es die unverschleierte und oftmals öffentlich geduldete Gewalt dennoch gibt, davon kann sich jeder Mann, wenn er nur empfindsam genug ist, unschwer überzeugen.

Mann und Körper

»Ich wollte ja nichts als das zu leben
versuchen,
was von selber aus mir heraus wollte.
Warum war das so schwer?«[*]

Hermann Hesse

Der eigene Körper ist für viele Männer eine Art unkartografiertes
Gelände, ein weißer Fleck auf der Landkarte ihrer Männlichkeit.
Auf der einen Seite wird er als zweckgebundenes Werkzeug angesehen, auf der anderen Seite als ein lästiges Anhängsel betrachtet,
sobald er nicht mehr in dem gewünschten Sinne funktioniert. Der
Körper des Mannes soll aber auch der Träger größten Glücks,
schönster Lüste und großer Befriedigung sein – zum Beispiel im
Bett – was, wie einschlägige Untersuchungen beweisen, nur allzuoft mißlingt und zahllose Frustrationen und Ängste hinterläßt.
Hinter der üblichen Haltung der Männer ihrem Körper gegenüber
verbirgt sich Unwissenheit und Bewußtlosigkeit – insbesondere
seine Funktionen, Aufgaben und Wirkungsweisen betreffend. Was
heißt das?

Es ist bekannt, daß der männliche Körper ein ziemliches Maß an
Lebendigkeit, an Weisheit und Regenerationsfähigkeit birgt –
man(n) halte sich nur einmal vor Augen, welche Mengen an Genuß-
giften, wie Alkohol und Nikotin, er in der Lage ist zu verkraften –,
doch verstehen es Männer vortrefflich, seine zahlreichen Äußerungen, seine Sprache und Botschaften über Jahre und Jahrzehnte
hinweg zu ignorieren und die wertvollen Signale, die Aufschluß
über sein Befinden geben könnten, in den Wind zu schlagen.

Mit anderen Worten: Männer haben wenig oder keine Ahnung
davon, die Codes ihres Körpers richtig zu erfassen, zu deuten, ge-

[*] Aus: Hermann Hesse: Demian. Die Geschichte von Emil Sinclairs
Jugend, Frankfurt a. M. 1982, S. 7.

schweige denn sie in die Tat umzusetzen, weil sie technokratisch und an Funktionen orientiert zu ihren Körpern eine Art mechanisches Verhältnis unterhalten. Der Mann glaubt, daß sein Inneres im wesentlichen der äußeren Erfahrung einer übertechnisierten Welt entspricht. Er verfolgt sachliche Ziele im Leben, im Alltag, in seinem Beruf. Er strebt nach berechenbaren, quantifizierbaren Resultaten und distanziert sich infolge dessen ungewollt und unbewußt von seinem Körper als leiblichem Organ, oder etwas altmodisch und in der Bildersprache der Philosophen ausgedrückt, vom »Haus des Seins« bzw. »dem Gefäß der Seele«. Er distanziert sich zugleich von der Ganzheit und Wechselseitigkeit körperlichen Befindens und seelischen Erlebens und unterliegt dabei einer Beschränkung, für deren Vergleich sich mir der Begriff Amputation aufdrängt.

Herb Goldberg bestätigt diese Einschätzung, wenn er schreibt: »Außerdem habe ich den Eindruck, daß sich der heutige Mann zu sehr mit Maschinen identifiziert, die er geschaffen hat und selbst seinen Körper schon als eine seiner mechanischen Kreationen betrachtet. Er behandelt seinen Körper, als sei er ein Zusammenschluß von ›Einzelteilen‹, die, wie beim Auto, einzeln behandelt und repariert werden müssen. Wir haben es hier mit einem weiteren Beispiel der Intellektualisierung zu tun: Wie man beim Auto die einzelnen Teile repariert oder ersetzt, sieht der Mann auch zwischen den Funktionen seiner einzelnen Körperteile keinen Zusammenhang – der Zustand seines Zahnfleisches, seines Magens, seiner Augen, seiner Leber ist für ihn genauso Einzelphänomen, wie der Zustand von Batterie und Vergaser. Er betrachtet seinen Körper nicht als Einheit, sieht auch keinen Zusammenhang zwischen verschiedenen Ausfallerscheinungen. Es ist, als glaubte er, jedes Körperteil habe sein eigenes Kreislaufsystem, seinen eigenen abgeschlossenen biochemischen Haushalt.«[1]

Im Unterbewußtsein der Männer ist der Körper also oftmals nur ein Lasttier, das eingespannt wird in den Dienst beruflichen, privaten, sexuellen Erfolgs. Der Körper selbst erlebt diese Anforderung als Joch, das ihn seiner Freiheit beraubt und ihm Lust, Befriedi-

---

1 H. Goldberg: Der verunsicherte Mann. Wege zu einer neuen Identität aus psychotherapeutischer Sicht, Düsseldorf/Köln 1977, S. 104.

gung oder Bedürfnis, die nicht ziel- oder zweckgebunden sind, vorenthält. Seine Opferung und damit zugleich die der Gesundheit erfolgt also um der Leitung willen in einer quasi-militarisierten Männerwelt. Um der Militarisierung, der »soldatischen Pflicht und Hingabe« an solche Ziele wie Beruf, Karriere, Eigentum, Status usw. gerecht zu werden, muß gewährleistet sein, daß der Körper reibungslos funktioniert, daß er mechanisch störungsfrei arbeitet. Denn Disfunktionen sind unerwünscht, Krankheit und Unpäßlichkeit Störfaktoren.

Die Einengung des Körpers auf die alleinige Dimension der Leistung – zum Beispiel auch in der Sexualität – führt natürlich nicht zur Selbstbestimmung, nicht zur Freiheit, sondern über kurz oder lang in den Ruin. Die apparative Nutzung des Körpers durch Männer läuft also letzten Endes auf einen Zustand der Enteignung, der Entpersönlichung, der Entfremdung, kurz, auf roboterhaftes Tun hinaus, das nicht selten in den Verlust eines authentischen Körpergefühls, welches bis zur Selbstvernichtung gehen kann, einmündet. Vorformen eines solchen Zustandes sind die, daß der Kontakt zur Umwelt schwindet, die Erlebnisfähigkeit schrumpft oder die Ich-Grenzen starr werden und das männliche Individuum in allen seinen Daseinsäußerungen zwanghaft und eng wird.

Die Erfahrung lehrt, je lebendiger ein Körper ist, um so intensiver wird die Realität wahrgenommen, um so vielfältiger stellt sie sich dar. Schon ein vorläufiger Blick genügt, um zu erkennen, wie farblos, grau in grau oder stumpf die Welt aussieht, wenn man(n) sich schlecht fühlt, krank ist oder unter Streß steht und wie mit ansteigendem Lebensmut, mit Vitalität, Lust oder Freude die Realität anders, nämlich strukturierter, differenzierter wahrgenommen wird.

Der sich in seinem Körper nicht heimisch fühlende, flach und lustlos empfindende, sich ständig in die Pflicht nehmende Mann also hat den wirklichen Kontakt mit der Welt außerhalb seiner selbst verloren oder erlebt diese doch zumindest als stark eingeschränkt. Mit anderen Worten: Ein von der Wirklichkeit, der Natur oder den vitalen Kräften getrenntes männliches Selbst (Ich) ist ein fleischloses, ein blutleeres, ein künstliches oder skelettiertes Selbst – unerotisch und langweilig.

Leider entspricht es einer allseits zu beobachtenden Gewohnheit unter Männern, ihren Körper auf die Funktionen eines Vollstreckungsorgans zu reduzieren und die zahllosen anderen Möglichkeiten, das Kaleidoskop an sonstigen Entäußerungen und Selbstdarstellungen zu ignorieren. Je mehr und je gründlicher dies geschieht, um so stumpfer, fetter und unansehnlicher wird ein Körper. Ist dieser Prozeß aber erst einmal eingeleitet, das heißt, ist die unsensible Einstellung und Haltung zu einer Art Gewohnheit geworden, so dringt durch die Schichten des Körperpanzers oder -schwamms kaum noch etwas hindurch – weder von außen nach innen noch in der umgekehrten Richtung. Der Mann wird zunehmend gefühlloser und spießiger. Der Körper kann seiner Aufgabe als Seismograph für die Schwankungen in der Person, für Wohlbefinden, Entspanntheit, Genuß, Freude, Trauer usw. nicht mehr gerecht werden. Die ihm eigene Empfindsamkeit schwindet dahin. Schließlich bleibt ihm nur noch die Aufgabe, Träger eines Kopfes, der immer nur denkt und spricht, zu sein bzw. Organe und Gliedmaßen zu beherbergen, die schlecht und recht ihre Aufgabe versehen.

Ein in diese Zwangsjacke gepreßter Körper versagt irgendwann einmal seinen Dienst. Er produziert Symptome, verweigert den Gehorsam und erinnert vorsichtig oder massiv daran, daß er keine Maschine, sondern ein lebendiger, pflege- und ruhebedürftiger Organismus, ein kunstvolles Arrangement aus Seele und Fleisch ist. Sind Ausbeutung und Mißbrauch aber bereits zu weit fortgeschritten, dann bekommt das Kunstwerk Risse bzw. der »Apparat« streikt. Der ärztliche »Reparaturdienst« muß her, um den Schaden zu beheben, was mitunter auch für eine Weile gelingt. Doch für gewöhnlich schreitet der Prozeß der Selbstdestruktion weiter fort. Einerseits bezahlen Männer ihre Fehlanpassung an die Realität mit ihren Körpern und mit ihrer Gesundheit, andererseits kann man(n) aber auch die umgekehrte Schlußfolgerung aus dem Gesagten ziehen und feststellen: Die schlechte Realität außerhalb männlicher Körpergrenzen ist eine Widerspiegelung ihres abhanden gekommenen originären Körpergefühls.

Auch sollte klar sein, daß sich Männlichkeit nicht allein über Handeln, Sprechen oder Denken vermittelt, sondern zugleich durch und über den Körper, dessen Verfassung und Zustand, insbesondere aber über seine Signale und Codes (Körpersprache). Das heißt, der Körper des Mannes spiegelt die Umwelt wider, und diese wiederum bildet sich in seinem Körper ab, weil letzterer in ständigem Kontakt mit seiner Umgebung steht und sowohl auf äußere wie auf innere Stimuli reagiert. Was aber folgt daraus? Ich denke, die männliche Ideologie, die sich stets und immer einer puritanischen und lustfeindlichen Arbeits- bzw. Leistungsethik verpflichtet fühlt, führt dazu, nicht nur »Herr im Haus«, sondern auch »Herr über sich selbst« sein zu wollen.

Insbesondere in der Sexualität ist dieser Schwerpunkt weit verbreitet. In ihm drückt sich eine sexuelle Ziel- und Zweckorientierung aus, die darauf hinausläuft, unter Beweis zu stellen, daß Potenz und Virilität schlechthin zum »echten« Mannsein dazugehören. Daß allerdings infolge einer solchen Einstellung und Haltung Sexualität als phantasievolle, spielerische Art der Kommunikation dabei auf der Strecke bleibt, sollte kaum verwundern. Für Männer ist Sexualität oft identisch mit Arbeit, mitunter gar eine Art Klempnerhandwerk. So berichtet beispielsweise Bernie Zilbergeld von einer Frau, die stets den Eindruck hatte, ihr Mann repariere einen Vergaser, während er mit ihr schlief.[2] Offenbar hat ihr Liebhaber – wie zahllose andere auch – nicht begriffen, daß Sexualität ein ideales Medium für zwei Menschen sein kann, die sich lieben, die sich Genuß und Freude bereiten möchten oder auf eine unverfälschte menschliche Art austauschen wollen. Anstelle dessen machen Männer aus der Sexualität einen Kraftakt oder ein Arbeitsprogramm, wobei am Ende die Frage steht, wie viele Orgasmen zuwege gebracht wurden. Wen wundert es dann noch, wenn sich infolge jenes phallokratischen Gehabes Probleme einstellen, wenn der männliche Körper nicht mitspielt oder vor lauter Ängsten und Hemmungen versagt. Selten kommt dem Mann dabei in den Sinn, daß er die Meßlatte zu hoch gehängt hat, daß er sich und seinen Körper überfordert und deshalb scheitern muß. Offenbar ist sein Penis dabei oft weiser als er selbst. Doch anstatt sich auf die eigentlichen Ursachen seines Versagens zu besinnen, statt sich nach dem

2 Vergl. hierzu B. Zilbergeld: Männliche Sexualität – was nicht alle schon immer über Männer wußten. Forum für Verhaltenstherapie und psychosoziale Praxis, Bd. 5, Tübingen 1983, S. 29.

Warum und Wieso in aller Ehrlichkeit zu fragen, greift er für gewöhnlich zu technischen Hilfsmitteln und Lösungen – ähnlich wie es der Fall bei mechanischen Defekten ist, wo auch Handbücher und Betriebsanleitungen studiert werden.

Darüber hinaus lehren die noch immer gängigen Modelle des Verhaltens in der Sexualität bis zum heutigen Tag, daß die Pflicht zur Initiative beim Mann liegt, daß es seine Aufgabe ist, aktiv zu sein, zu werben, zu erobern oder zu penetrieren, und daß nur auf diesem Hintergrund von wahrer Männlichkeit die Rede sein kann. Anders ausgedrückt: Männer tragen nicht nur die Verantwortung für die eigene Sexualität, sondern haben auch für die Befriedigung der Frau zu sorgen. Es ist ihre Aufgabe, auch hier ihre Vorrangstellung, ihr Platzhirschgehabe unter Beweis zu stellen.

Dabei spielt einmal wieder der Körper als Mittel zum Zweck eine entscheidende Rolle. Abgespalten und isoliert von der Vielfalt sonstiger Erlebnisformen, Befindlichkeiten und Stimmungen wird er auf Funktionen und Aufgaben eingeschränkt. Er wird, wie schon an früherer Stelle gesagt, zum Vollstreckungsorgan, das infolge solcher Zuschreibungen und Anforderungen oft genug streikt und versagt. Neben der Sexualität bietet sich aber noch ein weiteres anschauliches Beispiel für eben diese Sichtweite und Einstellung des Mannes zu seinem Körper an: das sogenannte Body-building. Ich möchte es mir ersparen, auf Einzelheiten dieser zielgerichteten, funktionellen Bearbeitung des Körpers einzugehen. Ich will hingegen versuchen, das typisch Maskuline dieses Tuns zu ergründen, und zugleich die Frage aufwerfen, welchen Zweck Männer damit verfolgen.

Zunächst kann davon ausgegangen werden, daß heute, infolge moderner Technik, schwere Arbeit in der Berufswelt eher eine Ausnahme ist und Männer aufgrund einer fortschreitenden Bewegungslosigkeit zu allerlei degenerativen Erscheinungen neigen. Dies rechtfertigt die Schlußfolgerung, daß sie, in einem positiven Sinne gedeutet, im Body-building einen Ausgleich suchen. Dennoch bezweifle ich, daß hier das eigentliche Motiv zu suchen ist. Auch das Argument, daß durch die Erlangung von Fitneß die Grenze der psychischen Belastbarkeit hinausgeschoben oder der Abbau von Streß begünstig wird – was ja nun wahrhaftig nicht falsch ist – erscheint mir eher eine Rechtfertigung bzw. ein Stück privater Logik all derer zu sein, die diesem Kult hildigen. Denn die Einbeziehung von Gerätschaften und Apparaten in das Training des Body-builders deutet nicht unbedingt auf eine harmonische Gesamtentwicklung des Körpers hin.

Diesen Gedankengang unterstützend, schreibt Wolfgang Schmidt-bauer: »*Für den ernst zu nehmenden Mann ist der Körper die Trage-vorrichtung für einen Kopf, der bedeutungsschwere Worte spricht; die Muskelmaschine, die für effektive Arbeit unentbehrlich bleibt; der Apparat, dessen oberes Ende mit Nahrung und Getränken versorgt werden muß, dessen unteres Ausscheidungsmöglichkeiten für ange-staute sexuelle und sonstige Stoffwechselprodukte aufweist. Diese Darstellung einer apparativen oder maschinellen Interpretation des männlichen Körpers mag übertrieben erscheinen. Aber es gibt Hin-weise genug, daß sie nicht falsch sind. Im gegenwärtigen, von Män-nern entwickelten (und von männlichen Trainern auch auf Frauen ausgeweiteten) Leistungssport wird die körperliche Muskelmaschine mit Hilfe ausgefeilter Trainingsfoltern zu Höchstleistungen getrieben, denen meist die körperliche Integrität zum Opfer fällt. ...*

Hintergrund dieser Entwicklung ist eine kollektive und individuelle Störung des Körpergefühls, in der nicht mehr die emotional-ganzheit-liche Orientierung vorherrscht, sondern die veräußerlichte Orientie-rung an nachweisbaren Höchstleistungen. ...

Parallel zu dieser Einengung des Körpergefühls auf die Dimension der Leistung läuft eine Erziehung, die sich besonders auf ›Härte‹ als spezifisch männliche Eigenschaft richtet. Sie gehört zu den meisten patriarchalischen Gesellschaften und zeigt in aller Deutlichkeit, daß diese Härte keineswegs zu den natürlichen Geschlechtsunterschieden gehört.«[3]

Schmidtbauers durchweg zutreffende Diagnose macht das Pro-blem deutlich, das sich aus dem Wechselspiel zwischen Patriarchat und männlichem Körper ergibt. Die individualgeschichtlichen Konsequenzen einer solchen Einstellung, die sich irgendwann ein-mal im Erwachsenen niederschlagen, habe ich versucht anhand ei-gener Erlebnisse nachzuzeichnen. Der folgende persönliche Be-richt gibt Aufschluß darüber.

3 W. Schmidtbauer: Körper. Zitiert nach: Was ist los mit den Männern? Stichworte zu einem neuen Selbstverständnis, München 1985, S. 144/145.

Als Jungen mußten wir in unseren Straßenclans und -gangs die uns verunsichernde, doch zugleich auch betörende Welt des Weiblichen schroff, lautstark und zum Teil vulgär zurückweisen, weil sie zu viele Elemente des Unbekannten und Ängstigenden barg. Gleichzeitig hielt aber ein jeder von uns, wenn auch mit Herzklopfen und einer beseligenden Spannung, sobald er sich unbeobachtet fühlte, nach ihr Ausschau, um den aufkeimenden Ahnungen ein wenig Raum zu geben. Diese Formungs- und Austauschprozesse waren von einer eigentümlichen inneren Dramatik. Sie bestanden, wie bereits gesagt, sowohl aus der schroffen Zurückweisung des Weiblichen als auch aus dem uneingestandenen Wunsch nach inniger Berührung und Kontaktnahme damit. In jener Zeit spielten wir unsere maskulinen Spiele, deren Ausdrucksformen und Inhalte unmißverständlich waren. Sie lehrten uns Kampf und Konkurrenz, Durchsetzung und Härte, Zurschaustellung von Kraft und Abwehr von Schwäche.

Der Körper und eine funktionale Muskulatur, zu Darstellungs- und Renommierzwecken gestylt, bzw. eine zeitgemäße Ästhetisierung des Äußeren waren Hinweise auf die initiatorischen Zwecke unserer Clans und Straßengangs. Wer ihnen nicht genügen konnte, wer sich zu weit vom Herkömmlichen, von sprachlichen, mimischen oder gestischen Gepflogenheiten, die die Verkehrsformen der Gruppe bestimmten, wegbewegte, der fiel dem Ausschluß anheim. Lächerlichmachen, gezieltes Ausgrenzen und Verstoßen waren dabei noch die mildesten Formen der Bestrafung, die wir ausübten.

Die Gang, der ich angehörte, bevorzugte das Eishockeyspiel. Zu dieser Disziplin, die im Sommer durch Turmspringen ersetzt wurde, gehörte eine entsprechende Kostümierung und Ausstaffierung. Je mehr sie unsere erwachende Maskulinität betonte, was oftmals nur eine Frage des Geldes war, um so besser. Die Symbolik, die sich hinter unseren Selbstdarstellungen verbarg, zielte aufs Kultische, nämlich auf männliche Geltung, auf Status und männliches Ritual ab. Frauen und Mädchen kam hier allenfalls die Rolle des Publikums, der Statistinnen, der Cheer-leaders, zu. In diesem Dunstkreis fühlten wir uns als hochspezialisierte Träger des Männlichen – was gleichbedeutend war mit Überlegenheit und Stärke.

Dennoch: Bei aller souveränen Verfügbarkeit über unsere Körper – dies galt insbesondere für das Turmspringen – und zwar im Sinne von Geschick und Reaktionsvermögen, Kraft und Ausdauer, Mut und Schmerztoleranz, waren wir doch starr und gepanzert. Unsere Bewegungen entbehrten des Natürlichen, der Leichtigkeit, des Fließenden und Harmonischen. Sie waren hingegen auf eine eigentümliche Art roboterhaft und maschinell. In ihnen drückte sich, insbesondere nach gewonnenen Turnieren, eine bis an die Grenze des Lächerlichen gehende Überlegenheit und Erhabenheit aus. Wir barsten nahezu vor Vitalität und Virilität, betrachteten Welt und Wirklichkeit durch die Brillen unserer Hoden und fühlten uns dennoch, jenseits von all diesem Männlichkeitswahn, oftmals verworren, zutiefst unsicher. Dies galt vornehmlich für jene Momente, wo wir nicht in Gruppen auftraten, sondern für uns allein einzustehen hatten, zum Beispiel in Schule und Ausbildung.

Es muß ein entferntes Wissen, eine keimhafte Vorstellung, die nicht sprachlich zu werden vermochte, von unserem Attrappendasein, von dieser Unzulänglichkeit und Unfertigkeit dagewesen sein, denn ansonsten hätten jene sterilen Formen des Renommiergehabes keine solch große Rolle gespielt, keine solche Suggestivkraft besessen. War die Körperarbeit, die wir damals in geradezu kämpferischer Askese und soldatischer Disziplin an uns vollstreckten, nicht der mühselige und wenig aussichtsreiche Versuch, einen strukturellen Mangel wettzumachen? War es nicht der Wunsch, durch die Instrumentalisierung des Körpers zu Beherrschung des eunuchenhaften Selbst, des unfertigen Ichs zu gelangen? Es war in der Tat genau das. Es waren aber zugleich auch Strebungen im Gange, die, tief verborgen und unbegriffen, der seelischen Dynamik Ziel und Richtung verliehen – Prozesse, wie sie die Psychologie lehrt.

Diesen zufolge muß das männliche Kind schon früh erhebliche Anstrengungen an den Tag legen, um die Unterscheidung gegenüber der Mutter einzuleiten, das heißt, sich seines männlichen Körpers bewußt zu werden, damit es an der Welt der Männer teilhaben kann bzw. in diese aufgenommen wird. Der Junge muß erkennen, daß er sich von der Mutter als erster und prägender Repräsentanz des weiblichen Geschlechts unterscheidet. Seine Welt und Wirklichkeit wird nicht die der Frau sein, was soviel bedeutet, wie einen eigenen Stil, eine je individuelle Gangart, einen Entwurf, hinein in die Welt und das Dasein des Mannes zu wagen. Auf eine Formel gebracht: Er *muß sich bewußt werden, daß er ein von der Frau verschiedenes Wesen ist, und danach handeln.*

Dabei gestaltet sich der Erwerb der männlichen Identität naturgemäß ungleich schwieriger als beim Mädchen, oder er verzögert sich bis hinein in die Adoleszenz bzw. Pubertät. Denn die offensichtliche Überlegenheit der Mutter als Frau, die in den frühen Jahren Nahrung, Schutz, Leben, Zärtlichkeit oder Liebe verkörpert, muß irgendwann einmal abgestreift werden, eine Verwandlung erfahren. Sie bedarf der Zurückweisung, der Überwindung. Insbesondere gilt das für die Beziehung Mutter – Sohn, wenn, wie bei zahlreichen Müttern üblich, starke Anklammerungstendenzen vorliegen, das heißt, die Neigung besteht, das Kind nicht freizugeben, es als Partnerersatz zu mißbrauchen.

Der kleine Junge, gleich welcher Kultur, lebt unbewußt stets mit der Befürchtung, seine männlichen Eigenschaften nicht hinreichend durchsetzen und entfalten zu können. Dies erklärt auch, warum wir uns auf der Suche nach den Kennzeichen des männlichen Körpers und seiner Imagepflege (repräsentative Muskeln, ein beeindruckender Brustumfang), der auf den Märkten der Eitelkeit den Kurswert steigern half, grotesken Übungen unterwarfen.

Body-building Studios – also jene modernen Folterkammern und Tempel der Selbstverliebtheit – gab es damals noch nicht. Wir trainierten an Gummiexpandern, mit Hanteln und Gewichten. Bereits die angedeutete Wölbung eines Bizeps, der vermeintliche Schattenriß eines straffen Oberschenkels verstärkte den Wahn und damit zugleich die Steigerung der Marter. Dabei ging es weniger um die Hervorbringung eines klassisch-antiken Schönheitsideals, nicht um die Harmonisierung der Einheit Geist, Seele und Körper, sondern ein verzweifeltes Ringen darum setzte ein, den offenkundig spürbaren, aber nicht begriffenen Mangel an Sein (Mannsein) wettzumachen. Die Beherrschung des Innenraums Körper sollte mit der Beherrschung des Außenraums, der Lebenswelt einhergehen, sollte Kontrolle, Überblick, Klarheit, Struktur, Verfügbarkeit, Souveränität, im umfassendsten Sinne gewährleisten, um gegen das Stürmen und Drängen des Innen zu immunisieren, um vor dem Unerklärlichen, dem Dunklen der Gefühlswelt und ihren Irrationalismen geschützt zu sein. Jene Elemente östlicher Bewegungsmeditation wie Tai Chi oder Aikido, die in der Tat in der Lage wären, eine solche Verbindung zu stiften und das Zusammenspiel von Bewegungsabfolge und spirituell-geistiger Dimension möglich zu machen, waren uns fremd. Sie hätten unserem Anliegen auch kaum entsprochen.

Die Unfähigkeit, aus einer gefestigten Mitte, aus einem ruhenden Pol heraus zu leben, von dem niemand etwas wußte oder ahnte und die beide schließlich nur das Resultat eines bewußten, sich allmählich und mühsam ausformenden Lebens- und Erfahrungsprozesses sein können, machte uns zu Rauhbeinen und Angebern, zu Draufgängern und jenen Halbstarken, die damals die mit der Wiederherstellung ihrer Republik Beschäftigten bei ihrer Verdrängungsarbeit störten.

Hinter den geschilderten jugendlichen Übungen, hinter dem auf Prestige und Anerkennung abzielenden Stärkeideal und der protzigen Angeberei verbirgt sich, wie gezeigt werden konnte, Kraftlosigkeit, Schwäche, Unsicherheit oder mangelnde Identität als Junge bzw. später dann auch als Mann. Denn das übertriebene Stärke-Ideal ist ja oft nichts weiter als die Kompensation von Kleinheit oder Unzulänglichkeit, sozusagen die Kehrseite der Medaille. Worin aber besteht im eigentlichen diese Kraftlosigkeit? Warum ruinieren Männer ihre Körper, ihre Gesundheit, ihr Wohlbefinden? Warum stehen sie ständig unter Aktivitätsdruck? Ist es der Zwang, sich beweisen zu müssen oder die Konkurrenz gegenüber ihren Geschlechtsgenossen, die sie voranpeitscht? Glauben sie, daß Frauen betont Wert auf ein solches Gehabe, auf maskuline Kraft, Stärke und Potenz legen? Ist die Erziehung, die zu enge Mutterbindung schuld an der mechanistischen Auffassung von Lebendigkeit?

Bevor ich diesen Fragen noch weiter auf den Grund gehe, sei zunächst einmal angemerkt, daß all jene Männer, denen ich das Etikett »Kraftlosigkeit« anhefte und in deren Gesellschaft ich mich lange Zeit bewegte, eine Reihe von Merkmalen aufweisen, die es wert sind, näher betrachtet zu werden und die zugleich weiteren Aufschluß über das eigentümliche Verhältnis zwischen männlichem Körper und Selbstzerstörung geben.

Zu diesen Merkmalen gehören: ein besonders ausdauerndes und intensives Erfolgsstreben, das gekoppelt ist mit einem ausgeprägten Hang nach sozialer Anerkennung bzw. Bestätigung, ein hartnäckiges und nicht immer erfolgversprechendes, oftmals starres Festhalten an selbstgewählten Zielen, ein stark entwickelter Ehrgeiz, fernerhin Aktivitätsdruck und Angespanntheit, was sich zugleich in einer dauernden Ungeduld mit sich selbst und mit Menschen der Umwelt niederschlägt, schließlich die Neigung, ein relativ großes Arbeitspensum in möglichst kurzer Zeit zu erledigen. Der bereits an früherer Stelle erwähnte Horst Eberhard Richter nennt den Mann, der sich diesem Joch unterwirft, den Herzinfarktmann. Er stimmt exakt mit dem Idealbild des supermännlichen Mannes unserer Leistungsgesellschaft überein. Mit anderen Worten:

»Das Merkmalsbild des Herzinfarktmannes ist nahezu identisch mit dem Inbegriff derjenigen Eigenschaften, die Aufstieg und maximales männliches Prestige verheißen und fortwährend in der Erziehung des Jungen verherrlicht werden. So sieht der energiegeladene, ehrgeizbesessene Tatmensch aus, der sich durchsetzt und sich nirgends kleinkriegen läßt. Es ist der männliche Held, der keine Halbheiten liebt, der superaktiv und expansiv in einem Schwung nach vorn stürmt und dabei dennoch die abgesteckten Bahnen einhält, und die ihm eine positive soziale Resonanz sichern. Kein Wunder, daß ein solcher Ausbund an Tatkraft und Ehrgeiz schließlich auch in Spannung gerät, daß ihm die Selbstkontrolle bei diesem Temperament schwerfällt.«[4]

Richter führt dazu weiter aus, daß Herzinfarktmänner sehr häufig nicht bewußt und wissend leiden und dennoch eines Tages unvermittelt mit einem Infarkt zusammenbrechen können. Wieso das? Männer, die der körperlichen Knechtung und Selbstausbeutung unterliegen, sind einmal als Kind oft frustriert bzw. einer strengen Erziehung unterworfen worden.

»Durch ihre Erziehung lernen diese Menschen allmählich ihre passiven Bedürfnisse nach Hingabe und nach Anlehnung vor sich selbst und anderen zu verbergen. Sie gewöhnen sich an, sich ihrer weichen Gefühle wegen zu schämen und dafür zu hassen. Scham und Selbsthaß mobilisieren Mechanismen der Verdrängung. Die Psychoanalyse nennt dies einen Abwehrvorgang. Solche Abwehrvorgänge

4 H. E. Richter: Lernziel Solidariät, Reinbek 1974, S. 41.

kosten viel Energie und erzeugen eine innere Dauerspannung. Denn die abgewehrten Impulse verschwinden nicht, sondern sie müssen mit einem konstanten Aufwand niedergehalten werden. Das Funktionieren dieser inneren Abwehrvorgänge täuscht darüber hinweg, daß sich auch der Infarkttyp nach seiner ursprünglichen Veranlagung oft gern schwach und hilfesuchend zeigen würde, wenn ihm gerade so zumute wäre. Er würde nur zu gern signalisieren, wenn er sich nach anderen Menschen passiv sehnt und Liebe braucht. Er würde auch gern wehklagen, wenn er Schmerzen hat. Es würde ihn erleichtern, könnte er seine Ängste gestehen. Denn all diese Sehnsüchte, Schmerzen und Ängste hat er auch. Aber diesen ganzen Bereich verdrängt er. Er hat so lange dagegen angekämpft, bis die entsprechenden Regungen gar nicht mehr in sein Bewußtsein vordringen. Mit der Verdrängung Hand in Hand wirkt der Mechanismus der Überkompensation. Überkompensation besagt, daß eine psychische Einstellung dadurch fortwährend niedergehalten wird, daß die genau dazu passende Gegeneinstellung krampfhaft aufrechterhalten wird. Korrekt psychoanalytisch spricht man hier auch von einer sogenannten Reaktionsbildung. Das wesentliche daran ist das Zwanghafte des Vorganges. Der Betreffende muß das genaue Gegenstück der Regungen fortwährend forciert demonstrieren, die er insgeheim abwehrt. Er muß sich also pausenlos abhetzen und in unsinniger Expansität erschöpfen, weil jede Unterbrechung dieser Haltung die Gefahr erhöht, daß die verdrängten Wünsche nach Ruhe, Passivität, Hingabe durchbrechen. Seine Überaktivität entspringt also aus nichts weniger als innerer Unfreiheit. Es ist nicht ein echter Überschuß an Kraft und Unternehmungsfreude, der sich hier lustvoll Ausdruck verschafft. Sondern ganz im Gegenteil: Dieser Typ steht unter der Folter eines fortwährenden Müssens. Er ist es nicht, der aus freier Selbstbestimmung nach Erfolg jagt. Sondern er ist selbst der Gejagte. Als Folge der von ihm unter großen Mühen ausgebildeten Abwehrstruktur ist er gezwungen, sich in übertriebene Daueraktivität zu flüchten, um die passiven Gegenbedürfnisse in Schach halten zu können.«[5]

Die Kraftlosigkeit und Schwäche solcher Männer liegt also darin, daß sie es nicht vermögen, den organschädigenden, körper-

5 Ebenda, S. 45.

lich ruinierenden Teufelskreis zu durchbrechen, um dem Verschleiß und der aufreibenden Lebensweise Einhalt zu gebieten. Sie sind schwach, weil sie sich zu sehr dem Stärkeideal verschrieben haben. Die Forderung, man(n) darf nicht erschlaffen, man(n) darf nicht auf Hilfe von außen warten, man(n) darf keine Schwächen zeigen, treibt sie voran. Der Wunsch nach Entspannung, Genuß oder Hingabe, wird er einmal eingelöst, birgt die Gefahr eines das Ideal zerstörenden Narkotikums, birgt die Gefahr eingelullt zu werden oder in Trägheit und Sinnlosigkeit unterzugehen. Sich dies zu gestatten hieße, mühsam erworbene Positionen und Standpunkte zu räumen, hieße, zuzuschauen, wie das Ideal männlicher Überlegenheit sich auflöst und das Selbstwertgefühl, das sich ja im wesentlichen über jene Äußerlichkeiten definiert, stark in Zweifel gezogen wird.

Aufs Ganze gesehen, ist es stets beschämend, nein, tragisch mitzuverfolgen, wie Einstellungen von Männern die Selbstzerstörung fördern.

Den Körper zu mißbrauchen, gilt, gemessen an einer statistischen Häufigkeit bei Männern, als ausgesprochen maskulin, als Beweis für Härte, Kampf, Standfestigkeit, Durchhaltevermögen usw. Die Neigung und der Wille des beschriebenen Umgangs mit sich selbst ist aber offenbar stärker und besitzt innerhalb einer Rangfolge von Werten größere Bedeutung als beispielsweise Selbstfürsorge, Nachsicht, »Erbarmen« mit sich selbst.

Herb Goldberg bringt den typischen männlichen Lebensentwurf, wie ich ihn in diesem Kapitel skizzierte, auf die griffige Formel: Leben mit Zwanzig, Roboter mit Dreißig, verbraucht mit Vierzig. Ohne Zweifel gibt es inzwischen genügend Männer, die irgendwann einmal umkehren oder von Beginn an stark genug waren, sich nicht auf die existentielle Notrutsche zu begeben, die ohne Umschweife nach unten führt.

Diese Männer sind entweder »Spätberufene«, zu denen ich mich auch gerne zählen möchte, oder aber solche, die nie in das Raster hineinpaßten und die durch ihre ungebrochene Lebendigkeit, durch ihren Einfallsreichtum, durch ihre Lust am Leben, durch ihr Lebenskünstlertum, durch Vielfalt, Abwechslung, Originalität und Kreativität bzw. ungewöhnliche Biografien überzeugen. Unterwirft sich der Mann den traditionellen Initiationen und Ritualen von Männlichkeit, lebt er ein Leben entlang maskuliner Normen und Maßstäbe, dann werden ihn die körperfeindlichen Konsequenzen eines Tages einholen. Als »richtiger« Mann in der Öffentlichkeit dazustehen, erkauft er sich durch das, was Alexander Lowen, der Begründer der Bioenergetik, den Verrat am Körper nennt oder Arno Gruen in ähnlicher Formulierung als den Verrat am Selbst bezeichnet.[6]

---

6 Vergl. hierzu A. Lowen: Der Verrat am Körper. Der bioenergetische Weg, die verlorene Harmonie von Körper und Psyche wiederzugewinnen, Reinbek 1982. – A. Gruen: Der Verrat am Selbst. Die Angst vor Autonomie bei Mann und Frau, München 1986.

Mann und Frau

»So braucht sie denn, die schönen Kräfte,
und treibt die dichtrischen Geschäfte,
wie man ein Liebesabenteuer treibt.
Zufällig naht man sich, man fühlt, man bleibt,
und nach und nach wird man verflochten;
Es wächst das Glück, dann wird es angefochten,
man ist entzückt, nun kommt der Schmerz heran,
und eh man sich's versieht, ist's eben ein Roman.«[*]

Johann Wolfgang von Goethe

Im Märchen »Der Froschkönig« wird der Frosch, der der Prinzessin den Ball aus dem Brunnen holt, infolge eines gezielten Wurfes gegen die Wand des Schlafgemaches der Prinzessin in einen Prinzen verwandelt. Das war nun wahrhaftig keine noble Geste der Dankbarkeit gegenüber dem Frosch, doch ekelte sich die Prinzessin vor diesem in ihrem Bett. Wie er dort hinkam, ist bekannt, und daß er an der Wand landete, bedeutete für beide großes Glück. Denn ohne Frosch wäre der Ball im Brunnen und die Prinzessin ohne Prinzen geblieben. Also: Ende gut, alles gut.

Offenbar stillt dieses Märchen, wie so viele andere, die Sehnsucht bzw. das romantische Gefühl des guten Gelingens, des glücklichen Ausgangs, des Happy ends. Es stillt die Sehnsucht oder Hoffnung, wie sie tausendfach und in ungezählten Variationen vermutlich in allen nur erdenklichen Folkloren wieder und wieder erzählt wird. Vor jedem Traualtar, mit jedem Treueschwur, so hoffen die Probanden, soll das Märchen in Erfüllung gehen. Doch tut es das wirklich oder strapaziere ich die Bildhaftigkeit zu sehr? Ist es nicht eher umgekehrt? Bewegt sich das Leben nicht fort vom Prinzen und der Prinzessin, fort vom Zauber, der allem Anfang

[*] Aus: Goethe. Berliner Ausgabe, Bd. VIII, Berlin 1965, S. 152.

inne ist, wie Hesse sagt, hin zu einem Alltag und Dasein, in dem auch der letzte Rest von Romantik und Illusion auf der Strecke bleibt und die Vermählten eines Tages dastehen – drapiert mit des Kaisers neuen Kleidern, bar aller vormaligen Glücksgefühle, nackt und der Langeweile ihrer ehelichen Beziehung ausgeliefert? Und bleibt nicht häufig nur mehr ein kümmerlicher Rest, eine Erinnerung an einen so hoffnungsvollen Beginn mitsamt seinem schönen Schein, seinem äußeren Gepräge, dem quasi höfischen Zeremoniell – und zwar in Form von Hochzeitsfotos in Schrankwandnischen und Brautkleidern, chemisch gereinigt, unter Plastik verstaut in Schleiflackkleiderschränken?

Die Geschichte von Frau und Mann – ob sie nun mit der Hochzeit ihren Ausgang nimmt oder aber schon vorher beginnt – ist eine Geschichte voller Paradoxien, eine Geschichte von Elementen griechischer Tragödien, mittelalterlicher Passionsspiele, eine Geschichte der Tücken, der Kabalen, Begierden, Gewinne und Verluste, eine Geschichte erhabener, wundersamer und niedriger Momente, eine solche der Lüste, der Leidenschaften, für die Tristan und Isolde, Romeo und Julia, Maria und ihr Geliebter aus der West-side-Story stehen. Schließlich ist die Geschichte zwischen Frau und Mann – um es auf den Punkt zu bringen – eine solche der Gekrönten und Gehörnten! Selbstverständlich geht es im »richtigen Leben« nicht immer um Prinzessinnen- und Prinzendasein, um romantische Gehalte eines Jungmädchen-Poesiealbums, sondern das Verhältnis der Geschlechter stellt sich leider nur allzuoft als ein ernstes, eines ohne Esprit oder die »erträgliche Leichtigkeit des Seins« dar. Man kann dieses Verhältnis, wenngleich auch sehr verkürzt und klischeehaft, im wesentlichen durch die Sehnsucht der Frauen nach ungebrochener Nähe, Zärtlichkeit, Wärme und Sicherheit kennzeichnen und auf seiten der Männer auf die Formel Freiheit, Unabhängigkeit, andere Frauen bringen – also »Außenmänner« und »Innenfrauen«.

Hinter dem männlichen Wunsch steht oft nach Jahren symbiotischer Bindung und tiefgefurchtem Ehealltag die Forderung nach sexueller Freiheit und promiskuitiven Fluchten und bei den Frauen, immer noch einer Vereinfachung folgend, das Verlangen, den ganzen Mann zu besitzen, das Einmalige des Anfangs, das

72

Echte, Unverfremdete, Gefühlvolle in Zuneigung und Liebe zu konservieren bzw. für immer festzuhalten. Doch es geht hier weniger darum, die wechselseitigen Interessen beider Geschlechter, die vielfältigen Erwartungen aneinander zu beschreiben, sondern herauszufinden, wie der von mir an früherer Stelle genannte »Kollektivmann« sich im Verhältnis zur Frau definiert, in welcher Beziehung er zu ihr steht, wie seine Einstellung zu ihr aussieht. Wichtig erscheint mir dabei, den Blick auf einen Strang der Argumentation zu lenken, den auch Joachim Bodamer für sehr zentral hält, insbesondere im Hinblick auf die Klärung der Frage nach Liebe, Sexualität und Eros.

Er vertritt die Auffassung, daß die gesellschaftliche Wirklichkeit heute durchtränkt ist von »erotischen« Motiven und einer überbordenden sexistischen Bilderflut bzw. daß diese durch Print- und visuelle Medien geradezu inflationär überschwemmt wird. Es ist selbstverständlich ein verhängnisvoller Trugschluß anzunehmen, daß es sich bei Gesellschaften, die sich ein solches Erscheinungsbild leisten, um »befreite«, um erosfreundliche Gesellschaften handelt.

»Denn wo der Eros in dieser Weise massenhaft und zweckmäßig als Instrument der Wirtschaft verwendet und damit degradiert wird, ist er seines eigentlichen, selbstherrlichen Wesens so gründlich und geschickt beraubt worden, daß er in diesem Maße verschwindet, wie er aufdringlich, grell und provozierend in Erscheinung tritt. Denn nur verlorene Sachen, sagt Jean Paul, werden auf der Gasse ausgeschrien.«[1]

Die kommerzielle Prostituierung von Liebe und Sexualität, der massenhafte öffentliche Konsum beider oder ihre Abwertung hinunter auf das Niveau einer Ware stellt heute nicht nur ein allseits zu beobachtendes Phänomen dar, sondern hat zugleich auch einen Bedeutungsverlust, eine umfassende Entfremdung von ihrem ureigensten, personalen, intimen Wesen und Charakter zur Folge.

Das heißt: Die Einstellung des heutigen Mannes zu Liebe und Sexualität läßt angesichts solcher Verzerrungen nicht unbedingt

1 J. Bodamer: Der Mann von heute. Seine Gestalt und Psychologie, München 1964, S. 66.

auf eine gelungene Integration schließen, sondern deutet eher auf eine Abspaltung, Verfremdung oder Ausgrenzung aus der Ganzheit individuellen Erlebens hin. Diesen Gedanken bestätigend, schreibt Wilfried Wieck:

»*Alle Männer wissen, daß sie im sexuellen Drang auf Frauen angewiesen sind. Sie begehren fast jede Frau auf der Straße. Ansonsten brauchen sie diese Frau nicht wirklich, meinen sie. Es scheint ein Kennzeichen zeitgemäßen männlichen Wünschens, die Frau vor allem sexuell zu begreifen. Männliche Sehnsucht konzentriert sich auf Begehrlichkeit, Erotik und Orgasmus. Weil es von der Natur so bestimmt sei, meint der Mann ohne Peinlichkeit ein Recht darauf zu haben, worauf er aber ein Recht hat, das darf ihm niemand nehmen, schon gar nicht die Frau. Das verschafft er sich notfalls mit aggressivem Nachdruck. ... Der Mann braucht das erotische und ästhetische Stimulans der Frau. Sie soll schön sein, angenehm und zart, sie soll Jugend, Frische und Reinheit darstellen. Obendrein soll sie Lust und verführerischen Reiz bieten. Sündhaftigkeit wird ebenfalls verlangt, je nachdem, wie dem Gelangweilten und Unbefriedigten gerade zumute ist.*«[2]

Zu fragen ist in diesem Zusammenhang also, ob es, salopp ausgedrückt, denn stimmt, was landauf – landab so über die Schwiegermütter gewitzelt wird, nämlich, daß sie ihren Töchtern im Umgang mit Männern zur Vorsicht raten, da diese immer nur »das eine« wollen. Oder anders formuliert: Entspricht die einseitige Schwerpunktsetzung männlicher Wünsche und Erwartungen im Verhältnis zu Frauen tatsächlich dem Bild, das diese von sich selbst hatten, oder handelt es sich hier womöglich um eingefleischte, niemals revidierte Vorurteile? Gibt es außer den Erfahrungen von Frauen oder ihren Ideologien über Männer tatsächliche Belege für solche Meinungen und Auffassungen, wie Wieck sie anführt?

Eine vorläufige Klärung des Problems bieten die Autorinnen Sigrid Metz-Göckel und Ursula Müller. Und zwar gelangen sie infolge von Befragungen, Interviews und Gesprächen mit Männern

2 W. Wieck: Männer lassen lieben. Die Sucht nach der Frau, Stuttgart 1987, S. 78/79.

zu der Ansicht, daß die Sexualität zwar für diese zunächst eine sehr zentrale Rolle spielt und eine ebenso herausragende Bedeutung besitzt, daß die Befragten aber immer wieder durchblicken lassen, daß sie ihren Wunsch nicht gegen den Willen und das Interesse der Frauen durchsetzen wollen. Sie fühlen sich hingegen in einer gewissen Weise abhängig von der Zustimmung, der Einwilligung und Gunst ihrer Partnerinnen. Daraus kann geschlossen werden, so die Autorinnen, daß zumindest das sexuelle Selbstbild der Männer, trotz der womöglich geschönten Aussagen, sich insgesamt vielfältiger und differenzierter darstellt, als man es gemeinhin gewöhnt ist. Die bekannte und heute nach wie vor noch aktuelle Kritik von Frauen an der emotionellen Beziehungslosigkeit und sexuellen Anspruchshaltung der Männer, wie sie die Frauenliteratur thematisiert und die Erfahrung lehrt, konnte in deren Selbstbild so nicht wiedergefunden werden. Was also ist richtig? Sigrid Metz-Göckel und Ursula Müller kommentieren diesen Sachverhalt folgendermaßen:

»Zweifelsohne haben die Männer inzwischen ein anderes Verhältnis zu sich und ihrer Sexualität, aber auch alte Stereotypen vom Mann klingen noch durch. Oder spielen die Männer je nach Situation verschiedene Rollen – Softi unter Frauen, Chauvi unter Männern?«[3]

Eine die vorliegende Fragestellung unterstützende Antwort bleiben die beiden Autorinnen leider schuldig. Sie kommen aber auch nicht umhin, den streckenweise positiven Eindruck der interviewten Männer einzuschränken, indem sie schreiben:

»Sexualität und Gewalt sind und bleiben im Leben von Männern selbstverständlicher verknüpft und akzeptiert, als Frauen es sich vorstellen und ertragen können. Die Koppelung von sexueller Befriedigung und Gewalt ist jedoch nicht die Regel. »Lacht eine Frau den Mann aus, wenn er im Bett versagt« – das kann sich die Hälfte der Männer als Motiv für gewalttätige Männer vorstellen. Für ein Drittel gilt dies auch, wenn die Frau sich weigert, mit dem Mann zu schlafen.«[4]

3 S. Metz-Göckel/U. Müller: Der Mann – die Brigitte. Studie, Basel 1986, S. 150/151.
4 Ebenda, S. 151.

Alles in allem läßt sich unschwer erkennen, daß die Autorinnen kein sonderlich positives Plädoyer für die Männer – ihre Sexualität betreffend – halten. Damit liegt aber zugleich die Auffassung nahe, daß die Integration der Sexualität weder für diese selbst noch für die Frauen in einem Maße vollzogen ist, wie es für beide Geschlechter wünschenswert wäre. Denn zu offenkundig sind die Widersprüche zwischen Rethorik und Realität, Anspruch und Wirklichkeit.

Bleibt demnach die Furcht der Schwiegermütter berechtigt? Ist das frauenfreundliche Selbstbild der Männer, gerade im Hinblick auf die Sexualität, nur bloßer Schein? Nochmals gesagt: Bei den in aller Kürze wiedergegebenen Resultaten handelt es sich um Aussagen von Männern über Männer, die Sicht der Frauen findet keine Erwähnung.

In einer ähnlichen, allerdings schon etwas älteren Untersuchung von Helga Pross besteht ein Großteil der Männer, wenn es um die Sexualität geht, nachdrücklich auf dem sogenannten männlichen Initiativrecht und der weiblichen Passivitätspflicht. Männer beanspruchen also nach Aussage der Autorin für sich die Führung, was in einem gewissen Widerspruch zu den Ergebnissen von Metz-Göckel und Müller steht. Dort schienen die Männer den Frauen zumindest diesbezüglich ein Stück Gleichberechtigung einzuräumen.

Dennoch wäre es falsch, sie alle über einen Kamm zu scheren. Auch bei Helga Pross gibt es differenziertere Standpunkte, das heißt, nicht alle Männer agieren nach herkömmlichen Mustern – zumindest nicht verbal. Aufs Ganze gesehen werden aber dennoch die meisten gängigen Trends und Einstellungen in ihrem Denken – wie bei der vorigen Untersuchung – bestätigt.

Die Schlußfolgerungen, die aus dem referierten Material gezogen werden können, legen insgesamt den Verdacht nahe, daß Männer gezwungen sind, Zugeständnisse zu machen und Veränderungen bei sich selbst zu signalisieren, weil Frauen seit geraumer Zeit damit begonnen haben, ihre sexuellen Wünsche einzufordern.[5]

5 Vergl. hierzu H. Pross: Die Männer. Eine repräsentative Untersuchung über Selbstbilder von Männern und ihre Bilder von den Frauen, Reinbek 1978.

Denn wer möchte schon als Interviewter das Bild eines »Chauvis«, eines phallokratischen Fossils abgeben, umnebelt vom Dunst des Unzeitgemäßen und Rückschrittlichen?

Ist also doch alles beim alten geblieben? Ist alles nur schöner Schein, der die alltäglichen Tatsachen und Miseren ein wenig verschleiert? Oder bahnt sich allmählich nicht doch so etwas wie eine Geschlechterfreundschaft an? Bei vorsichtiger Bewertung der Befunde neige ich zu der Annahme, daß die Vormachtstellung des Mannes und die Inbesitznahme der Frau durch ihn – trotz der referierten positiven Selbstdarstellung – im großen und ganzen noch ihre Gültigkeit besitzen. Denn es ist weder die wirtschaftliche Abhängigkeit der Frau bislang in größerem Maßstab aufgehoben, noch ihre traditionelle Rolle prinzipiell in Frage gestellt.

Zugestanden: Einiges ist innerhalb der männlichen Lebenswelt in Bewegung geraten. Die Gründe dafür wurden ja bereits genannt. Und trotzdem führen sich zahllose Männer nach wie vor auf, als seien sie die alten Herren der alten Ordnung bzw. als seien ihre Frauen noch immer eine Kolonie.

Wie aber ist das vorhin genannte Initiativrecht des Mannes über die Frau zu erklären? Welche Gründe lassen sich für die Dominanz über sie anführen? Woher leitet sich der offen oder versteckt vorgetragene und ausgeübte Herrschaftsanspruch ab, der den immer noch gültigen Vorrang des Mannes vor der Frau kennzeichnet? Ich gehe zunächst davon aus, daß kulturelle, geschichtliche, soziale, ökonomische Gründe und Einflüsse, die wir in unserer Gesellschaft hier und heute vorfinden, als Ursache genannt werden müssen. Sie an dieser Stelle nochmals aufzulisten erübrigt sich, da sie zum Teil bereits Erwähnung fanden bzw. in der einschlägigen Literatur ausreichend diskutiert werden. Ich gehe fernerhin von einem Tatbestand aus, der gleichermaßen Anlaß und Beweggrund für das Dominanzverhalten des Mannes über die Frau ist und der – jenseits gängiger Deutungsmuster und Interpretationsschemata – Einblick in den eigentümlichen und nicht immer leicht auszuleuchtenden Zusammenhang gewährt – nämlich die latente oder manifeste Angst des Mannes vor der Frau.

Diese Version mag zunächst reichlich weit hergeholt erscheinen. Sie entfaltet jedoch bei näherem Hinsehen durchaus ihre

Stimmigkeit und dürfte aufgrund dessen für intellektuell-redliche Männer ohne weiteres nachvollziehbar sein. Zunächst muß als wichtige Ursache für die Angst des Mannes vor der Frau die bereits an früherer Stelle erwähnte Infragestellung männlichen Selbstverständnisses durch die in den letzten Jahren unüberhörbar gewordenen Forderungen der Frauenbewegungen mit all ihren Konsequenzen genannt werden. Diese haben Männer verwirrt, sie gezwungen, sich neu zu orientieren, sich auseinanderzusetzen, und gerade sensible Vertreter der Gattung genötigt, sich zugleich ein Stück weit zu verändern. Darüber hinaus sollte auch das Folgende nicht unerwähnt bleiben: Die Kehrseite der Angst drückt sich – allgemein gesagt – unter anderem in dem Wunsch und der Neigung aus, Menschen zu beherrschen, über sie zu verfügen, sie der eigenen Kontrolle zu unterwerfen oder sie zu manipulieren. Ich verweise dazu noch einmal auf das Beispiel phantasierter Gewaltanwendung in der Schule. Sie findet fernerhin ihren Niederschlag darin, bei Menschen zu Zwecken der eigenen Angstabwehr Furcht und Angst zu erzeugen. Das Bedürfnis, die eingestandene oder uneingestandene Angst in Schach zu halten, korrespondiert also gerade bei Männern häufig mit der Neigung, zu unterdrücken, Macht auszuüben bzw. die Frau oder Freundin dem eigenen Diktat und Willen zu unterwerfen. Doch die männliche Angst vor der Frau speist sich noch aus anderer Quelle – aus der machtvollen Abhängigkeit von der Mutter, aus ihrer Omnipotenz als erstem und zunächst alleinigem Objekt der Identifikation sowie aus ihrer Allgegenwart. Welche Bewandtnis hat es mit dieser Angst?

Es ist bekannt, daß zahlreiche Mütter – allerdings in unterschiedlicher Intensität – dazu neigen, überwältigend, kontrollierend, festhaltend oder gar »verschlingend« gegenüber Kindern im allgemeinen, Söhnen im besonderen zu sein – und das je nach Umständen und Bedingungen. Die Ursachen liegen dabei sowohl in ihnen selbst als auch innerhalb des sozialen Umfeldes, in dem sie sich bewegen und ihr Leben gestalten. Es gibt Autoren, die behaupten, die Neigung von Müttern, sich anzuklammern bzw. das Verlangen, ihre Kinder zu binden und festzuhalten, sie nicht loszulassen, seien eine unbewußte Rache dafür, daß ihnen die Verwirklichung in der Außenwelt vorenthalten bleibt, daß sie ins Haus verbannt sind.

Es erscheint mir persönlich müßig, darüber zu spekulieren, ob dem tatsächlich so ist. Beweisbar und für jeden kritischen Mann erkennbar hingegen dürften jene Interaktionen sein, die – mehr oder weniger in der Erinnerung gespeichert – sich im Laufe einer frühen Lebensgeschichte zwischen Mutter und Sohn vollzogen haben. Sie beeinflussen das spätere Verhältnis von Männern zu Frauen, tragen zum Gelingen bzw. Mißlingen dieses Verhältnisses bei. Für mich stellten sich die Interaktionen und Beziehungsmuster so dar:

Die Angst vor der Frau wurde mir während der Pubertät zum ersten Mal in ihrer ganzen Tragweite bewußt.[6] Vorwegnehmend läßt sich sagen, daß mich diese Angst eigentlich nie ganz verlassen hat. Freilich vermochte ich sie, insbesondere in langjährigen aufeinanderfolgenden »Serienmonogamien« zurückzudrängen, weil Vertrautheit, Intimität und Kenntnis der jeweiligen Lebensgefährtin ihr Abklingen und ihre Rückbildung begünstigten. Doch ich kann nicht leugnen, daß ich trotz allen Wissens und allen Verständnisses vom »Sosein« der Frau diese Angst von Zeit zu Zeit erneut heraufdämmern spüre. Sie ist insbesondere in Momenten und Augenblicken spürbar, wenn es nach Zeiten der Trennung und Trauerarbeit (sofern diese überhaupt stattfand) darum geht, um eine Frau zu werben. Sie taucht zudem in Situationen intensiven Erlebens und großer Nähe wieder auf. Doch will ich der Beschreibung dieses mit mir gewachsenen und gwordenen Phänomens nicht vorgreifen.

Im Grunde ist die Angst vor der Frau bei mir zunächst die Angst vor dem anderen, dem Unbekannten, die Angst vor zu großen Gefühlen

6 Ich verweise in diesem Zusammenhang auch auf lebensgeschichtliche Umstände, die hier im einzelnen nicht erwähnt werden können und sollen. In ihnen traten Frauen zuweilen als Büttel und Vollstrecker von Unterdrückungsfaktoren in Schule und Kindergarten in Erscheinung. Ihre Prügelrituale und Schlagstockorgien auf Hände und Gesäß, ihre Versuche, Unterwerfung durch massive Angsteinflößung zu erzwingen, sind mir bis heute noch eindrücklich im Gedächtnis. Ihnen haftet immer noch das Odium des Gewalttätigen, der Geruch weiblicher Dominanz und Herrschaftspraxis an, wie ich sie so nie wieder erfuhr. Diese frühen Eindrücke kultivierten unter anderem lange Zeit meine Angst vor ihnen.

*und dem Verschlungenwerden durch sie. Die hier nachzuzeichnenden
Erinnerungsspuren werfen ein Licht auf ihre subjektiven, mich
betreffenden Entstehungsprozesse und machen als biografische
Kürzel das Gemeinte deutlich.*

*Es muß etwa im Alter von fünf Jahren gewesen sein, als ich zum
ersten Mal der Faszination erlag, die weibliche Accessoirs auf mich
ausübten, mit denen meine Mutter ihr Frausein betonte bzw. sich an
besonderen Tagen und zu besonderen Anlässen für mich und mein
Empfinden mit der Aura unnahbarer Schönheit und Entrücktheit
umgab. Zu diesen gehörten Parfüms, Strümpfe, Kämme, Schmuck,
besondere Kleidungsstücke und ähnliches. Sie alle förderten und
begünstigten bei mir eine relativ frühe Kultur der Sinne und das
Empfinden, daß Frauen die Personifizierung des Schönen und
Ästhetischen schlechthin sein können. Diese allerdings nicht alltägli-
che Selbstdarstellung meiner Mutter, an denen sie offenbar jenseits
ihrer arbeitsreichen Wochentage – von Zeit zu Zeit – ebenfalls
Gefallen fand, schufen ein Fluidum, das stets eine belebende Wirkung
auf mich hatte. In ihm verwirklichten sich symbolische und zugleich
prägende Sinnvermittlungen des Weiblichen, die mich sowohl anzogen
als auch verwirrten.*

*Ich war damals stolz auf diese Frau, wenn ich an ihrer Hand ging.
Es war ungetrübter Besitzerstolz. Er suggerierte mir, sie ganz für mich
zu haben. Einzig mein Bruder erhob noch einen gewissen Anspruch,
denn mein Vater befand sich zu diesem Zeitpunkt in Kriegsgefangen-
schaft und die Möglichkeit, daß er je zurückkehren würde, war mir
fremd und stellte keineswegs eine Bedrohung für mich dar. Ich
stilisierte meine Mutter, hob sie auf ein Podest, verehrte sie und fand
tiefe Befriedigung darin, daß sie mir in ungebrochener Treue und
Liebe zugetan war – eine Liebe, Treue und Hingabe an mich und
meine Bedürfnisse, die oftmals den Charakter des Destruktiven
annahmen, da sie mehr waren als mir guttat und die man heute mit
einem Begriff aus der Entwicklungspsychologie als »maternal over-
protection« bezeichnen würde. Die Bewunderung, die ich für sie hegte
und die lange Zeit ungebrochen und unerschüttert blieb – bzw. erst
sehr viel später einer kritisch-reflektierenden Liebe und Wertschätzung Platz schuf – speiste sich zunehmend aus der Tatsache, daß sie,
wie zahllose Frauen ihrer Generation, ein enormes Maß an Tatkraft*

als Trümmerfrau, als Alleinversorgerin ihrer Kinder und anderer Familienmitglieder in Zeiten größter Entbehrung sowie umfassendsten Mangels an den Tag legte. Daß sie in meinem kindlichen Erleben eine solch zentrale Rolle spielte, muß ihr gefallen haben, muß bei ihr auf Bestätigung und Zustimmung gestoßen sein, denn sie unterließ kaum etwas, sich dieser Zuneigung zu versichern. Die regressiven Anteile, die sie dadurch bei mir hervorrief und begünstigte, wie beispielsweise meine Weigerung, in diesem Treibhausklima zu wachsen und zu reifen, waren sehr zahlreich. Das Umfeld von Verwöhnung und Entlastung, Abnahme von Verantwortung oder Beiseiteschieben von Herausforderungen, an denen ich mich hätte abarbeiten, ausprobieren und bewähren können, kurz, die zahlreichen Formen der »weichen Vergewaltigung« (A. Adler), hatten neben unterschiedlichen Einwirkungen der Kriegs- und Nachkriegszeit eine Reihe von Verhaltensauffälligkeiten zur Folge, wie sie zur Standardausrüstung kinderpsychiatrischer Lehrbücher gehören.

Die Dynamik dieses Vorgangs und die sich für mich daraus ergebenden Konsequenzen blieben für sie samt und sonders tabu und unaufgedeckt. Somit bildeten all die frühen sozialen Einflüsse nach und nach den Nährboden für mein später wirksam werdendes Frauenbild. Es speiste sich aus der Vorstellung, verwöhnt, umsorgt, entlastet oder schrankenlos und uneigennützig geliebt zu werden. Macht und Einfluß dieser Frau wurden lange Zeit zum Maßstab der Überlegenheit nachfolgender Frauen. Kaum verwunderlich, daß nur wenige in der Lage waren, dem früh geschaffenen Mythos, das heißt, dieser Vorstellung von Größe zu entsprechen. Die unbewußte und ungewollte Mittäterschaft meiner Mutter als Architektin des herkömmlichen Männerbildes, ihre Handlangerinnendienste bei der Installierung der patriarchalischen Misere, dürfte unbestritten sein. Sie deshalb dem Schuldspruch zu unterwerfen, die ausschließliche Verantwortung dafür zu tragen, weise ich scharf zurück.[7]

Denn nicht allein meine Mutter war die Quelle für das beschriebene hymnische Frauenbild. Es wurde ergänzt und flankiert durch einen, von allen männlichen Teilhabern gereinigten Familienverband,

7 Vergl. hierzu Ch. Thürmer-Rohr (Hrsg.): Mittäterschaft und Entdeckungslust, Berlin 1989.

*bestehend aus Tanten und Großmüttern. Abgesehen davon, welchen
Einfluß die Abwesenheit von männlichen Geschlechtsgenossen auf
mich hatte – ich verweise in diesem Zusammenhang auf die personelle
Ausstattung von Kindergärten und Grundschulen, auch hier fast nur
Frauen –, schon bald nistete sich in meinem kindlichen Bewußtsein
und Erleben das Bild ein, Welt und Wirklichkeit bestünden nahezu
ausschließlich aus ihnen. Ich glaubte, sie seien das Regulativ, die
großen Bewegerinnen. In meinen magischen Vorstellungen hielt ich
sie für die Verkörperung des Kosmos, des Universums schlechthin.*

*Ja selbst der Gott meiner Kindheit, Jesus von Nazareth, schritt in
Frauenkleidern einher und hatte lange Haare. Einzig sein Bart
stilisierte ihn zu einem androgynen Zwitter. Auch der Marienkult der
katholischen Kirche tat ein übriges. Er bevölkerte meinen Götterhim-
mel mit allerlei weiblichen Wesen, wie Märtyrinnen, Heiliginnen und
Vestalinnen. Fernerhin trugen die Engel, die als dienstbare Geister
darin weilten, das ihrige dazu bei. Auf das später erworbene Wissen,
daß letztere geschlechtslos sind, so wie die Unterleibsausstattung
damaliger Puppen, tat der Vorstellung keinen Abbruch. Ihre wallen-
den Gewänder, ihr goldenes Haar, ihre zarten Wimpern und elegi-
schen Blicke auf religiösen Abbildungen legten allemal den Schluß
nahe, daß es sich auch hier um Frauengestalten handeln müsse.*

*Was aber hat dies alles mit der Angst vor der Frau zu tun? Warum
erfolgte schon bald die Erstarrung im Panzer männlicher Abwehr und
männlichen Rückzugs vor ihr? Waren die Motive und Beweggründe
im wesentlichen die der Angstreduzierung und des Selbstschutzes?
Hätte die Geschichte meiner »Mannwerdung« nicht ganz anders
verlaufen können? Hätte ich mir durch die intime Kenntnis der Frau
als soziales Leitbild und durch den ständigen Umgang mit ihr nicht
eher ein profundes, zugleich einfühlsameres Wissen aneignen können? Warum bewirkten meine frühen identifikatorischen Leistungen
und die Einverleibung weiblicher Verkehrsformen nicht, daß ich mich
unter ihnen bewegte wie der Fisch im Wasser? Warum wurde die enge
Allianz schon bald brüchig und schlug in ihr Gegenteil um?*

*Zur Beantwortung dieser Fragen scheint mir zunächst einmal
wichtig, darauf hinzuweisen, daß ich die mich umgebenden Frauen
heillos überbewertete. Sie waren groß, ich hingegen klein und abhängig von ihrer Fürsorge. Auch ein weiterer Aspekt wurde bereits an*

früherer Stelle schon gestreift, nämlich, daß das männliche Kind irgendwann einmal beginnt, seine Wirklichkeit kontrapunktiv zu der des Weiblichen auszubilden.

Das Geflecht sich gegenseitig beeinflussender Ursachen und Wirkungen ergänzend und die Angst vor der Frau begünstigend, waren auch die folgenden Erfahrungen. Meine Mutter litt sehr unter dem Umstand, meinen Bruder und mich in eine unheile Wirklichkeit und Lebenswelt hineingeboren zu haben – eine Lebenswelt, die selbst die Gefahr der Vernichtung in den von alliierten Bomberverbänden zum Sterben verurteilten Städten beinhaltete. Sie trug diesen Selbstvorwurf stets mit sich herum und war auf Grund dessen bemüht, durch ein Übermaß an Fürsorge, Verwöhnung und vermeintlicher Lebenserleichterung bzw. durch die Beseitigung von möglichen Schwierigkeiten diese rauhe Nachkriegsepoche im Sinne von seelischen und materiellen Reparationsleistungen wettzumachen. Es waren Lastenausgleichszahlungen und Wiedergutmachungen, die mich fesselten und erdrückten. Hier wurde mütterliche Tugend zur Plage. Hier wurden Formungsprozesse in die Wege geleitet, die meine Psyche lähmten.

Die emotionale Bewertung dieser Situation für mich war, daß dadurch und durch ihre Allgegenwart bzw. ihr Festhalten mein aufrechter Gang und meine Autonomie behindert wurden. Meine Erlebnis- und Entscheidungsspielräume erschienen mir oftmals zu eng und allein ihrer Kontrolle, ihrem Einfluß unterworfen. Demzufolge galt es, mich zu schützen oder in Form von Abwehrreaktionen meine Einflußsphäre auszudehnen, in die sie nicht vorzudringen vermochte. Ich emigrierte nach innen, verschloß mich, wehrte ihre Zärtlichkeiten ab, verlegte mich oftmals auf ein geradezu zwanghaftes Verteidigungsverhalten gegen ihre vermeintlichen Übergriffe. Der Modellcharakter dieses Lebensentwurfes, in der Verbindung zu Frauen im besonderen, Männern im allgemeinen, blieb lange Zeit bestimmend. Er besaß durchschlagende Wirkung. Er wurde zu einem Selbstkonzept, das stets dann zur Geltung kam, wenn sich Situationen großer gefühlsmäßiger Nähe ergaben. In geradezu mimosenhafter Ängstlichkeit und Überempfindsamkeit verschloß ich mich vor dem vermeintlichen Verschlungenwerden, vor der Unkontrollierbarkeit der hochquellenden Gefühle und hinterließ Verwunderungen, Kränkungen und Verwirrungen durch Rückzug und Abbruch von Beziehungen.

Erst nach und nach vermochte ich meine schroffen Zurückweisungen zu mildern und mir das Pendeln zwischen Nähe und Distanz zu gestatten, ohne verkrampft und kopfgesteuert Einfluß darauf nehmen zu müssen. Es war ein langer, steiniger und mühseliger Weg der Trauerarbeit, voll von schmerzhaften Wandlungen und Häutungen hin zu einem authentischeren Selbst.

Rufe ich mir noch einmal die wesentlichen Einflußfaktoren, die meine Angst vor Frauen bis heute in unterschiedlicher Intensität begünstigten, ins Gedächtnis, so war es zunächst die Tatsache, daß Frauen das andere Geschlecht darstellten. Mit einem Begriff der Vorurteilsforschung ließe sich meines Erachtens sagen, daß es bei mir auf eigentümlich verschlungene Art und Weise zu xenophobischen Reaktionen kam, die in ihrer gesamten Konsequenz während der Pubertät am deutlichsten spürbar wurden. Prägend war und blieb ebenso, daß ich dem Trugschluß erlag, Frauen seien das schlechthin Überirdische, das Olympische, dem man(n) sich nur ehrfurchtsvoll, im Bewußtsein des Außergewöhnlichen, zu nähern vermochte. Eine weitere überdauernde Vorstellung, die sich mit dem Wesen der Frau verband, ergab sich aus ihrer Funktion als Spenderin von Fürsorge, Zärtlichkeit, Verwöhnung und nahezu uneingeschränkter Hingabe an mich und meine Bedürfnisse. Da die übergroße Erwartungshaltung, die ich infolgedessen mit mir herumtrug, nicht einlösbar war, kam es oft zu Reaktionsbildungen in Form von Disqualifizierung und Abwertung, Demontage und Selbstbestrafung. Die Spannung, die sich aus den gegenläufigen Einschätzungen und Strebungen ableitete, erzeugte wiederum Verunsicherung und Angst. Nicht zuletzt und in Ergänzung zu der an früherer Stelle beschriebenen Verwöhnung fügten sich die »Reparationszahlungen« meiner Mutter ein in das Gesamtbild weiblicher Vorherrschaft und Dominanz – und zwar einer Dominanz, die dem eigenen Werden, der eigenen Erfahrung und den eigenen Fähigkeiten enge Grenzen setzten. Mein Flüchten und Ausweichen vor der Allmacht und Allgegenwart dieser Frau waren in meiner kindlichen Vorstellungswelt oft mit Angst und Schuld verbunden – Angst vor dem Entdecktwerden und Ausgeliefertsein, Schuld, sie zu hintergehen. Meine Über-ich-Instanz zeigte Wirkung. Denn es ist unschicklich und verwerflich bzw. es zeitigt erhebliche Konsequen-

zen, in die Hand zu beißen, die sich einem darbietet, die einen nährt,
um einmal ein Bild zu bemühen. Und dennoch war es so.

In unmittelbarem Zusammenhang mit dem Aspekt der Verwöhnung durch Frauen und/oder ihrer Stilisierung durch mich sollte zu guter Letzt noch ein Gesichtspunkt Erwähnung finden, der im Verhältnis von Frau und Mann bzw. in der Dynamik zwischen ihnen in zahlreichen Fällen eine zentrale Rolle spielt und gewiß keine zu vernachlässigende Größe darstellt – der Sucht des Mannes nach ihr.

Wilfried Wieck hat in Ergänzung zu dem Buch von Robin Norwood »Wenn Frauen zu sehr lieben« die These aufgestellt, daß die Frau für den Mann so etwas wie eine Droge darstellte, der er sich nur selten entziehen kann und wenn, dann nur eingedenk einer Vielzahl von Begleiterscheinungen, wie man(n) sie aus der Therapie von Süchtigen her kennt.[8]

Unzweifelhaft ist diese Aussage zunächst eine reichlich provokative Feststellung, aber deshalb nicht minder gültig. Der Autor geht bei seinen Überlegungen von der bereits erwähnten Feststellung aus, daß Männer häufig in ihrem sexuellen Drang auf Frauen angewiesen, zugleich aber, und in einem ebenso umfassenden wie bedeutungsvollen Sinne, abhängig sind von ihrer Fürsorge, Geborgenheit, Verwöhnung, Entlastung, Stimulierung usw. Der Mann instrumentalisiert und benutzt die Frau, um von seiner Einsamkeit, von Sinnlosigkeit, von destruktiven Neigungen abzulenken bzw. erlöst zu werden. Er schließt sich ihr an, um in einer Welt voller Verrücktheiten einigermaßen bei Sinnen zu bleiben. Fernerhin verlangt er nach Liebe, nach Verwöhnung und Versorgung. Bei der Frau gestattet er sich die Regression und Schwäche, die er sich in seinem sonstigen Leben, insbesondere in seinem beruflichen Alltag, versagt.

Faßt man die latente oder offene Anspruchshaltung des Mannes einmal zusammen, so ergeben sich daraus eine Reihe bedeutsamer Konsequenzen, die insbesondere dann deutlich werden, wenn nämlich Frauen aus Verbindungen, Ehen, Partnerschaften »desertieren« bzw. ausbrechen.

8 R. Norwood: Wenn Frauen zu sehr lieben. Die heimliche Sucht, gebraucht zu werden, Reinbek 1989.

Wolfgang Körner, der das Buch »Meine Frau ist gegangen«
schrieb, bestätigt ungewollt Wilfried Wiecks Untersuchung,
indem er eine Reihe von Gesprächen mit Männern führte, die von
ihren Frauen getrennt wurden.[9] Der Gesamteindruck dieser
Gespräche, Mitteilungen und Geständnisse ist dramatisch. Es
würde zu weit führen, sich hier Gedanken darüber zu machen, ob
die in den Texten zu Wort kommenden Männer zu Recht oder zu
Unrecht von ihren Frauen verlassen wurden. Es ist ebenso überflüssig zu ergründen, ob die Frauen aus egoistischen Motiven, aus
dem Drang nach Freiheit, aus Angst oder welchen Beweggründen
auch immer handelten. Tatsache ist, daß allen Männern sowohl
der schockartige Trennungsschmerz über den Verlust der Frau
gemeinsam war, der sie zumeist völlig unvorbereitet traf, als auch
die damit einhergehende Dekompensation, der Zusammenbruch.
Bei einigen der Männer führte dieser bis an den Rand des Selbst-
mordes oder in den Alkoholismus. Der Schock allerdings erfolgte
immer erst nach der Trennung, weil der Ernst der Umstände, weil
die Zerrüttung der Verbindung seitens der Männer oft nicht
begriffen wurde, was dann in solchen Fragen gipfelte, wie: »Was
habe ich denn getan?«, »Was habe ich nur falsch gemacht?«,
»Wie konnte das passieren?«

Die Männer führten also bis zu jenem dramatischen Augenblick
ein relativ ruhiges Dasein an der Seite der Frau und erkannten
nicht die Zeichen, die das Heraufziehen der Tragödie andeuteten.
Sie lebten gedankenlos dahin, zeigten wenig oder kein Engagement
bei der Gestaltung der Beziehung und gingen vorzugsweise ihren
eigenen Interessen und Neigungen nach.

Die Frau war für sie einfach da, sie bot sich an für die Einlösung
elementarer Bedürfnisse. Man(n) hatte sich arrangiert. Die
Beziehung zu ihr war eine solche des »Habens«, wie es Erich
Fromm formuliert, keine des »Seins«. Doch irgendwann einmal
»stiegen« die Frauen aus, wollten nicht mehr, konnten nicht mehr,
fühlten sich eingeengt, nicht mehr wohl, wurden neugierig auf
andere Partner oder verfolgten selbstsüchtige Absichten.

9 W. Körner: Meine Frau ist gegangen. Verlassene Männer erzählen,
Frankfurt a. M. 1979.

Der Suchtcharakter des Mannes tritt also, in Anlehnung an Wieck, in solchen Augenblicken zutage, wo die Verwöhnung, die Umsorgung, die Entlastung, kurz alle emotionalen und psychischen Dienstleistungen von seiten der Frauen entfallen und die Männer gezwungen sind, die Verantwortung für sich selbst zu übernehmen. Er wird darüber hinaus dadurch deutlich, daß Männer dazu neigen – ich schließe mich dabei nicht aus –, sich nach Trennungen sobald wie möglich neu zu arrangieren, eine Frau »aufzureißen«, um das einmal im Catch-up-Jargon zu formulieren. Hierbei handelt es sich selbstverständlich nicht um eine reife, erwachsene Haltung, die die Trauerarbeit mit einbezieht, sondern um die unbewußte Wiederaufnahme eines kindlichen Verhaltensmusters, nämlich die Mutter, die sich zurückzieht, zu ersetzen oder wiederzugewinnen, sich ihrer Versorgungsleistungen zu versichern. Ich gehe nicht so weit, jedem Mann in jeder Situation bzw. mit jeder Frau eine solche Absicht zu unterstellen. Doch sollten sich Männer redlich und aufrichtig dahingehend prüfen, ob in ihre Erfahrungen mit Frauen bzw. Trennungen nicht jenes Suchtpotential Eingang gefunden hat.

Denn ohne die Frau ist der Mann häufig heimatlos und verloren. Er sucht sich eine, die ihm ein Zuhause bietet, und begibt sich dank dieser Neigung und Erwartung in die Sucht, die Abhängigkeit bzw. in den Verlust an Freiheit und Autonomie aus Bequemlichkeit und dem Wunsch, daß die Frau ein Stück seines ungelebten, nicht entwickelten Lebens *für ihn* leben soll. Wilfried Wieck schreibt dazu:

»Wenn wir als Mann süchtig nach der Frau sind, dann benutzen wir sie bedenkenlos für die Befriedigung unserer Sucht. Frau ist für uns dann Quelle von allem, was wir brauchen (Frauenbild), und der Mann ist der Mensch, der einen Anspruch auf die Frau hat (Männerbild). Mann und Frau heißen Nehmer und Gebende, Eigentümer und Eigentum. Da wir sie ausbeuten, können wir sie nicht als Menschen behandeln. Sie produziert sich, wir konsumieren sie. Sie lebt in unserer Nähe, und wir nehmen sie, uns sehnend, nur aus der Ferne wahr. Sie liebt, und wir lassen lieben. Soweit das verschiedene Menschenbild. In der Männerwelt ist die Frau kein Wesen mit Bewußtsein und einer personalen Identität. Im Patriarchat hat sie

kein Recht auf ein vom Manne unbeschädigtes Leben, sie wird wie ein Ding betrachtet, wie ein Stück Natur. Süchtig danach sein heißt achtlos, gierig und vergeßlich sein. Von Freude und Dankbarkeit für das Geschenk der Anwesenheit spüren wir in unserem Teil des Universums wenig, von Solidarität gar nichts. Die Frau wird benutzt als Bollwerk gegen Einsamkeit, Sinnlosigkeit und Zerstörungsimpulse. Frauen ist dies bekannt. Sie kennen ihre Welt, und sie spüren ihr Leiden um sie. Wir Männer leben in einer anderen Welt.«[10]

10 W. Wieck: Männer lassen lieben. Die Sucht nach der Frau, Stuttgart 1987, S. 82.

Mann und Gefühl

»Ein Mann, der Tränen streng entwöhnt,
mag sich ein Held erscheinen;
Doch wenn's im Innern sehnt und dröhnt,
Geb ihm ein Gott – zu weinen.«[*]

Johann Wolfgang von Goethe

Jean Baker-Miller schreibt in ihrem Buch »Die Stärke weiblicher Schwäche«: »Die Emotionalität ist als ein wesentlicher Bestandteil jedes Lebenszustandes universeller als Gefühle der Verwundbarkeit und Schwäche. In unserer herrschenden Tradition wurde sie jedoch nicht als Hilfe zu Verstehen und Handeln angesehen, sondern eher als eine Behinderung, ja sogar als ein Übel. Unsere Versuche, Emotionalität abzubauen oder doch wenigstens unter Kontrolle zu bringen oder zu neutralisieren, statt ihre nützlichen Kräfte zu schätzen, gern anzunehmen und zu kultivieren, haben eine lange Tradition. Es ist wohl wahr, daß die meisten Frauen ein besseres Gespür für die emotionalen Komponenten jeglicher menschlicher Aktivität haben als die meisten Männer. Dies ist, zum Teil, Ergebnis ihres ›Trainings‹ als Untergeordnete; denn jeder, der in untergeordneter Situation lebt, muß lernen, sich den Wechselfällen der Stimmungen, des Wohlwollens und Mißfallens der dominanten Gruppe anzupassen … ›Weibliche Intuition‹ und ›weibliche List‹ sind Beispiele dafür. Aber wie immer solche Fähigkeiten erlangt werden, sie verraten eine äußerst wertvolle Grundqualität. Denn es ist wohl kaum zu leugnen, daß Emotionen essentielle Aspekte des menschlichen Lebens sind.«[1]

In der einschlägigen Literatur – und nicht nur in solcher, die Autorinnen hat – wird immer wieder festgestellt, daß Männer von früher Kindheit an dazu angehalten werden, sich aktiv planend, ra-

---

[*] Aus: Goethe. Berliner Ausgabe, Bd. I, Berlin 1976, S. 666.
[1] J. Baker-Miller: Die Stärke weiblicher Schwäche. Zu einem neuen Verständnis der Frau, Frankfurt a. M. 1979, S. 64.

tional und kalkulierend zu verhalten, wohingegen Frauen Unterstützung dahingehend erfahren, sich mit Gefühlen und Empfindungen zu befassen, die sich in der Folge von Handeln und Denken einstellen bzw. diesen vorausgehen. Es steht außer Frage, daß in einer vom Patriarchat dominierten Gesellschaft die »wichtigeren« Aufgaben und Leistungen die sind, die Männer verkörpern – nämlich funktionale, zweckrationale, pragmatische. Ich will damit nicht sagen, daß Männer keine Gefühle haben oder daß sie sich weigern, sie zu leben, doch lehrt nicht nur die Erfahrung, daß sie, die Hälfte der Gesellschaft also, mit diesem Bestandteil ihrer Person ungewöhnlich wenig zu tun haben will und einen eher kargen Umgang damit pflegt. Dabei sollte klar sein, daß der erhellende, heilende, zivilisierende, wohltuende, beglückende Effekt der Gefühle eine unleugbare Tatsache ist.[2] Die Hilfe gegenüber Notleidenden oder Kindern, der Widerstand gegenüber krankmachendem Dauerstreß, die Anziehungskraft, die von zwei Liebenden ausgeht, die Wärme zwischen Menschen, die sich mögen, das Staunen angesichts der Schönheiten der Natur, der Kunst, der Musik, der Literatur usw., all das erwächst aus Gefühlen.

Warum Frauen die Klaviatur der Gefühle besser beherrschen als Männer, sei einmal dahingestellt. Daß Männer die schlechteren Schüler bei den Übungen der Gefühlsgrammatik sind, darüber gibt es wohl kaum einen Meinungsstreit.

Man braucht nur einmal das Beispiel des Zusammentreffens zweier Männer zu konstruieren, um den mangelhaften Zustand beider im Hinblick auf den Austausch von Gefühlen – und sei es nur gesprächsweise – zu erkennen. Männer sind fast immer bemüht, ihr männliches Image aufrechtzuerhalten, was sie selbstverständlich daran hindert, anderen Geschlechtsgenossen gegenüber offen zu sein. Sie vermeiden es, ihre Schwachstellen, ihre klei-

---

2 Wenn im Verlauf der nachfolgenden Diskussion die Rede von Gefühlen ist, so möchte ich diese von den Affekten wie Zorn, Wut, Aggression usw. unterschieden wissen. Ich will nicht leugnen, daß in der akademischen Debatte hier kein so prinzipieller Unterschied gemacht wird. Doch sind Gefühle, in einem umgangssprachlichen Sinne, für mich verbunden mit Zuneigung, Zärtlichkeit, Innigkeit, Liebe usw.

nen und großen Ungereimtheiten, ihre Nöte und Ängste preiszugeben. Zugestandenermaßen kennen sie sie oft auch gar nicht, weil
sie sich selber gegenüber den »Big Mac« oder den großen »Zam-
pano« spielen.

Ihre unpersönlichen Gespräche beinhalten überwiegend solche
Themen wie Politik, Sport, Technik, Beruf usw. Typisch ist dabei
auch die angstvolle Abwehr von Berührung. In-den-Arm-genom-
men-Werden interpretieren einige von ihnen gar als homosexuelle
Annäherung, als Versuch, sie »herumzukriegen«. Der richtige
Mann ist heute der »Unberührbare«, der Aussätzige, der Lepröse
des Mittelalters – denn auch diese waren unberührbar. Der Grad
an herkömmlicher Männlichkeit definiert sich also darüber, wie
gesichert der Abstand von den eigenen Gefühlen oder wie distanziert man(n) anderen Geschlechtsgenossen gegenüber eingestellt
ist.

Es entspricht selbst heute, in aufgeklärten Zeitläuften, immer
noch einer falschen Neigung und einem ebenso falschen Anspruch
von Männern, ihre Gefühle über das übliche Maß hinaus zu kontrollieren bzw. diese zu beherrschen und sich damit selbst einer
übertriebenen Disziplinierung zu unterwerfen. Der so handelnde
Mann erweckt nach außen hin den Eindruck eines Einsiedlers, ab-
gegrenzt und isoliert vom pulsierenden Leben, allein seinem Kopf
vertrauend, allein sich darauf berufend und verlassend, was ihm
Logik, Ratio, Intellekt, also sein maskiertes Selbstverständnis dik-
tieren.

Die Ursache einer solchen Gefühlsamputation bei Männern
liegt zum Teil in der Ausgrenzung ihrer weiblichen, ihrer androgynen Seite. Von ihr müssen sie sich in einem oftmals recht schmerzhaften und mühseligen Prozeß trennen, weil sie sich für ihre Geschlechtsidentität als ungeeignet oder gar gefährlich erwies. Jane
Lazarre, eine amerikanische Feministin, hat diesem Vorgang in ihrem Buch sehr bildhaft und anschaulich Ausdruck verliehen. Sie
schreibt:

*»Mein Sohn liegt auf einer breiten Matratze neben seinem Freund
und schläft. Ich versuche zu lesen, höre dem Regen zu, dessen nasse,
feuchte, sinnliche Gerüche durch mein Fenster hereinströmen. Dann
schaue ich auf, seh wie sie nebeneinanderliegen, auf jedem Gesicht die*

einzigartige, unvergleichliche Lieblichkeit von schlafenden Kindern.
Sind das die gleichen Jungen, die noch vor einer Stunde, als auf dem
Bildschirm zwei Schauspieler anfingen, sich leidenschaftlich zu
küssen, so taten, als ob sie kotzen müßten, und schrien – iih, eklig –,
die beiden Jungen, die ich vorhin zufällig belauschte, als sie sich über
große und kleine Titten unterhielten? Sie liegen nebeneinander – ihre
kleinen Gesichter ganz entspannt; ihre Mienen, die sich tagsüber so
oft um rauhe Männlichkeit bemühen (eine Pose, die sie hingebungs-
voll und leidenschaftlich anstreben), sind jetzt der totalen Verwund-
barkeit preisgegeben..

Zwei widersprechende Theorien über die kindliche Entwicklung
liegen in meinem Kopf nebeneinander. Nummer eins: Die Mutter
erschafft ihr Kind durch ihr Wesen, ihre Handlungen, ihre tiefsten
Gefühle, ihre Umgebung; Nummer zwei: Das Kind kommt schon als
er oder sie zu uns, wir binden es nur zeitweilig an uns...

Wenn er abends auf dem Bett liegt, zeichnet oder fernsieht, still wie
oft, wenn er allein ist, in einem seiner langen Nachthemden, die er
gerne im Haus trägt, so daß ihn kein Gummiband aus einer Schlafan-
zughose am Bauch kneift, bin ich mir genau meines Wunsches
bewußt, ihn zu verweiblichen, ihn vor Männlichkeit zu beschützen,
ihn davon abzuhalten, aus meiner Welt zu gehen. Nur selten gebe ich
diesem subversiven Druck nach – ich habe Angst, daß er den Boden
unter den Füßen verliert, daß er ohne Männlichkeit im ganz konven-
tionellen Sinn, zumindest einem Teil davon, schwanken wird, so nah
bei mir bleiben wird, daß er nicht fähig sein wird, überhaupt von mir
wegzugehen. Jetzt ist er verrückt auf Puppen und Kochen, zarte
Zeichnungen, Blumen und Fantasiegeschichten von geflügelten
Schwänen, die kleine Jungen zu Zauberländern über den Wolken
tragen und sie abends zum Essen rechtzeitig wieder nach Hause
bringen. Es ist nicht irgendeine Urbewegung auf sein psychisches und
physiologisches Schicksal zu, die ihn, wie ich beobachte, in jene
andere männliche Welt treibt, sondern der Wunsch, so zu sein wie sein
Vater und sein Bruder, eine gemeinsame Ebene zu finden, das
natürliche innere Gefühl für seine Männlichkeit in äußerliche, leicht
faßbare Begriffe zu übersetzen... Trotzdem ist mir der Drang, das
Verlangen bewußt, ihn an meine Welt gebunden zu halten, und ich

*frage mich, was für eine Sorte Mensch herauskäme, wenn eine Mutter
schamlos beschließt, ihren Sohn zu verweiblichen.*«[3]

Gewiß, die Autorin ist aufgeklärt genug, dem Impuls, ihren Jungen zu verweiblichen, nicht nachzugeben, sondern ihm den Raum, den er braucht, um zur Männlichkeit heranzuwachsen, zuzugestehen, ja ihn zu fördern und die Identifikation mit seinem Vater und den Jungengruppen, denen er angehört, zu unterstützen. Und dennoch: Zu dem von ihr beschriebenen Zeitpunkt hat, ob sie es will oder nicht, infolge von zum Teil unbewußten Austauschprozessen, bereits jene Aneignung und Verinnerlichung weiblicher Gefühlsqualitäten stattgefunden, deren sich der Junge später wieder erwehren wird. Denn er darf nicht Frau werden. Es ist ihm untersagt, auszuleben, was im Grunde genommen so naheliegt. Die Männergesellschaft, die ihn umgebenden maskulinen Einflüsse, seine Biologie, zwingen ihn zur Mannwerdung, zwingen ihn aus der Gefühlsausschließlichkeit zwischen Mutter und Sohn hinaus in eine Körper und Gefühl begrenzende Wirklichkeit in eine steif machende Rolle und Funktion bzw. in einen Körper und Seele durchdringenden patriarchalisch-paternalistischen Alltag.

Die Mutter spielt also bei der Sozialisation des Jungen zwar eine entscheidende Rolle – aber eben nur eine unter vielen. Schließlich erfolgt das Verhältnis Mutter Sohn – nochmals gesagt – nicht losgelöst von dem sie beide umgebenden männlichen Milieu, von Ensembles, die männlich durchtränkt und ausgerichtet sind. Die Vielfalt dieser Einflüsse bildete schließlich beim Mann eine Gemengenlage, eine Mixtur aus gefühlsmäßiger Nähe und Distanz, aus Angst und Faszination, aus der Bereitschaft, Gefühle sprechen zu lassen oder sie zum Verstummen zu bringen. Je nach Herkunft und Prägung, aber auch je nach Bewußtheit, was diesen Zusammenhang anbetrifft, schwingt das Gefühlspendel einmal mehr, einmal weniger in diese oder jene Richtung. Die ausgesprochen männliche Wirklichkeit also verhindert oftmals, daß früh zugrunde gelegte weibliche Gefühlsqualitäten erhalten bleiben bzw.

3 Jane Lazarre: Über die Liebe zu Männern. Ich bin eine Feministin, ich habe Männer gefürchtet und gehaßt und doch immer Männer geliebt, Reinbek 1983, S. 189 bis 192.

sich fortpflanzen und Männer es sich gestatten, mehr und häufiger aus diesem Fundus heraus zu leben, als dies heute noch der Fall ist. Denn es sollte nicht übersehen werden, daß Männer, wenn sie spontan und offen ihre Gefühle zum Ausdruck bringen, zum Beispiel in Tränen ausbrechen, so wie es mir angesichts der Gasöfen in der nationalen Gedenkstätte Sachsenhausen widerfuhr, oder aber vor Angst zittern, zu laut lachen usw. auf ihre Umgebung peinlich wirken. Man(n) wendet sich ab, schweigt betroffen oder aber spricht einfach davon, daß sich dieser Mann nicht in der »Gewalt« hat, daß er sich »gehen« läßt.

Emotionelles Ausdrucksvermögen ist demnach bei Männern Niemandsland – nicht zuletzt auch deshalb, weil es dafür in der Außenwelt wenig Toleranz, geschweige denn Bestätigung und Zustimmung gibt. Um als Mann dort bestehen zu können, darf er sich nicht allzusehr auf sein Innenleben einlassen. Wenn doch, so kann es ihm passieren, daß er mit den Forderungen der Außenwelt zusammenstößt, daß er nicht mehr mitzuhalten vermag, weil die Produktion von Gefühlen bei einem Bankabschluß, bei der statischen Berechnung einer Brücke, der Notierung von Börsenkursen, dem Regeln des Verkehrs, dem Errichten eines Gerüstes oder dem Erstellen eines Computerprogramms wenig wirksam ist. Der Mann, der fühlt, würde, darin liegt eine unerbittliche Logik, angesichts seiner Eingebundenheit in einen ihn entfremdenden Waren- und Produktionszusammenhang eine solche Arbeit entweder nicht ertragen können oder sie schlecht ausführen. Bleibt dem von mir so skizzierten gefühlsinvaliden Mann angesichts dessen nichts weiteres mehr übrig, als in einer künstlichen, von menschlichen Regungen gereinigten Arbeitswelt, nach vorgegebenen Reiz- und Reaktionsmustern zu handeln? Besitzt er eine Chance, die in ihm aufsteigenden Gefühle zu leben, ihnen stattzugeben? Oder ist er zur Resignation verurteilt?

Was die Beantwortung der Fragen für Männer anbetrifft, so muß ich, bedingt durch den Vorrang der Ökonomie, bedingt durch die Macht des Tatsächlichen in der Berufswelt und anderswo meine Unkenntnis und Hilflosigkeit eingestehen und mich dazu bekennen, keine befriedigende Antwort anbieten zu können. Vielleicht aber ist der Vorschlag, weniger zu arbeiten und eher auf einen Teil des Gehalts zu verzichten, als sich den niederdrückenden, Gesundheit und Wohlbefinden aushöhlenden Verhältnissen auszuliefern, eine Hilfe. Ich kann fernerhin nur dazu ermutigen, sich bewußtzumachen, daß die Knebelung der Impulse, Gefühle und Bedürfnisse einen hohen Preis fordert – nämlich den des Absterbens, der Erstarrung in der Unlebendigkeit sowie eine Begrenzung der allgemeinen Lebensqualität. Ist dieser Preis gerechtfertigt?

Damit Gefühle aber überhaupt erst entstehen können, muß das Denken, muß der Mann, muß der unablässige Strom seines Strebens, seiner ziel- und zweckgerichteten Aktivitäten zunächst einmal zur Ruhe kommen. Erst dann und nur unter solchen Bedingungen kann sich die gefühlsmäßige Natur in ihm regen. Erst dann auch können aus dem Augenblick heraus Gefühle und Empfindungen erwachsen. Alles andere hat mit Emotionalität wenig oder gar nichts zu tun. Es handelt sich dabei allenfalls um innere Sensationen, um Affekte. Das Erkennen und Erleben von echten Gefühlen wird also im wesentlichen nur in der Ruhe, der Stille erfahren, nicht in der Ablenkung oder Zerstreuung. Denn wer sich allzusehr zerstreut oder zerstreuen läßt, der ignoriert und verliert zugleich seine Ganzheit, seine Mitte, die zentrierende Achse, um die sich Leben und Alltag herum bewegen. Er wird fahrig und oberflächlich. Erst im empfindsamen Erleben gelangt das Gefühl zur Entfaltung, kann es sich ausbreiten. Somit ist die Fähigkeit, der Umwelt erlebend, fühlend, sensibel wahrnehmend gegenüberzutreten, im Grunde genommen nur dort möglich, wo man(n) ein Mindestmaß an Besinnlichkeit, Abwesenheit von Streß, Hektik und Verpflichtung sich gestattet. Deshalb ist die Tugend der Langsamkeit und des bedachtsamen Vorwärtsschreitens gerade in dem Gefühlsbereich des Mannseins gefragt.

Ein monströses Beispiel für das Gegenteil einer solchen Haltung zum Leben entnahm ich einmal einer Charakterisierung New-Yorker Yuppies aus der Börsen- oder Banker-Branche. Diese ständig unter Hochleistung und Termindruck stehenden jungen Männer organisieren ihre »Sex-dates« so, wie sie es mit Kunden ihrer Firmen oder Dienstleistungseinrichtungen zu Zwecken von Geschäftsabschlüssen etc. gewohnt sind. Sie rufen dazu ihre »Playmates« an, verabreden einen minutiös ausgehandelten Termin, fangen an, sich bereits im Aufzug zu entkleiden, verrichten ihre sexuelle Notdurft in weniger als zehn Minuten und hetzen danach zum »Fast-food-shop« bzw. in ihr Büro zurück.

Wer Zweifel daran hegt, ob die Darstellung zutreffend ist, nämlich, daß Männer willens und in der Lage sind, sich freiwillig einem solchen Zwang zu unterwerfen, der möge sich den jüngst gezeigten Film »Video, Sex und Lügen« ansehen. Hier wird beispielhaft ein Gefühlskastrat dieser Gattung vorgeführt. Er vollstreckt nicht nur die Abgespaltenheit und Unwahrhaftigkeit seiner Gefühle sich selber gegenüber, sondern zugleich auch gegenüber seiner Frau sowie seiner Geliebten. Es darf indessen als Trost empfunden werden, daß der Regisseur und Drehbuchautor ihm eine Abfuhr erteilt und seine Lebenslüge gekonnt entlarvt.

Einzig Männern also, die einen wirklichen Zugang zu ihren emotionellen Wünschen finden, die sich darüber hinaus befähigt fühlen, sie zu leben, dürfte echte Ich-Stärke und Lebendigkeit nicht fremd sein. Diejenigen allerdings, die überwiegend mit der Erfahrung des Unzulänglichen, der Angst, der Ohnmacht, dem Ehrgeiz, dem notorischen Drängen nach oben usw. beschäftigt sind, fallen eher der Verfettung, der Sensibilität und der Infantilisierung ihrer fremdbestimmten Gefühle anheim. Ein Mann dieser Prägung erstarrt, wird eng und beginnt, seine Umwelt, sein Handeln, seine Mitmenschen zu kontrollieren. Er verliert seinen Humor, sofern er je einen besaß, seine Leichtigkeit und Unbeschwertheit und richtet sein Leben ein nach Maßgabe von Verhaltenszwängen, die ihm Sicherheit, Überlegenheit und Anerkennung durch Leistung garantieren sollen.

Mit anderen Worten: Er hat ein eng geknüpftes Netz, bestehend aus Geboten, Verboten, Solls und Forderungen über die Wirklichkeit geworfen, das ihm zur Bewertung und zur Beurteilung von Menschen und Lebenssituationen dient. Sanfte, liebevolle, zarte Gefühle haben darin für gewöhnlich keinen Platz, weil sie stören oder schier überflüssig sind – Affekte, wie Zorn, Wut oder Aggression schon. Alles in allem findet sich ein solcher Mann eines Tages in der Rolle einer Geisel seiner emotionalen Verdrängungsakrobatik wieder – ein alptraumartiger Zustand!

In dem Verhältnis zu meinem Pflegesohn, der sieben Jahre mit mir zusammenlebte, entdeckte ich rückblickend einiges über die Unfähigkeit von Männern, wahrhaftig zu fühlen und zu empfinden. Dieser Pflegesohn hat sich, nach Abschluß einer Berufsausbildung und einem einjährigen Aufenthalt in Italien bzw. nach Anschluß an die New-age-Bewegung, zum Noviziat in einem Zenbuddhistischen Kloster in Japan entschlossen. Aus dem regen Briefwechsel entstammt die folgende Mitteilung von mir – ein Bekenntnis meines gefühlsmäßigen Unvermögens einerseits, ein Bekenntnis der Suche nach einer liebevollen Wiederannäherung infolge von Krisen und Reifungen andererseits.

Casalino, 4. 8. 89

Lieber N.

Die letzte Nachricht von Dir erreichte mich vor etwa einem Monat. Wie angekündigt, fiel sie nur kurz aus, da Du Dich offenbar ganz und ohne Ablenkung Deinem Weg widmen willst. Ich wünsche Dir Zuversicht und Kraft bei alledem.

In den zurückliegenden Tagen hatte ich Ruhe und Muße, noch einmal über unsere gemeinsame Vergangenheit, über das Stück Geschichte (das Geschichtete), das uns verbindet, nachzudenken.

Es fällt mir leicht, umgeben von den sanften, sonnenüberfluteten Hügeln der Toskana, den weiten Horizont vor Augen, in mich hineinzulauschen und jene, für uns so bedeutsamen Ereignisse und Erinnerungen, Stimmungen und Augenblicke, die uns verbinden, wieder aufleben zu lassen. Selbst die Gegensätze, die so häufig aufbrachen, die Irrungen und verzweifelten Versuche, das Trennende, das zwischen Dir und mir stand, zu überwinden, um der Sehnsucht nach Nähe darunter Raum zu geben, erscheinen nunmehr in einem milden, uns versöhnenden Licht.

Ein wenig Traurigkeit und Melancholie stellen sich ein, wenn ich beim Schreiben innehalte und rückwärts schaue, es klingen Saiten in mir, deren Vorhandensein ich immer wieder vergesse, weil ihre Melodie im Alltag so selten zu vernehmen ist. Ich habe es zunächst nicht wahrhaben wollen – aber Du fehlst mir. Du fehltest mir von dem Augenblick an, an dem Du gingst. Anfangs hinterließest Du ein Vakuum aus Verwirrung und Orientierungslosigkeit, aus Scham, Dir nicht genügt zu haben und Wut darüber, daß unsere Trennung die Folge eines tiefen Zerwürfnisses war. Bei allen durchlebten Gegensätzen – die Gemeinsamkeiten treten in meiner Mitteilung an Dich heute ein wenig in den Hintergrund – gewann mein Alltag durch Dich an Bedeutung, an Wichtigkeit. Ich war für jemanden da. Ich wurde gebraucht. Später konnte ich auch die Erleichterung, die Entspannung zulassen, die mich überkam, als ich mir bewußt wurde, daß nunmehr eine große Verantwortung von mir genommen war. Schließlich gelang es mir, mein Leben wieder so wie vorher einzurichten – zumindest was den äußeren Rahmen anbetraf. Im Innern war ich nach diesen Jahren verwandelt. Wie wäre diese Zeitspanne ohne dich verlaufen? Ich denke, es ist müßig, darüber zu befinden. Eines Tages warst Du da. Du standest mir als eine unerbittliche Forderung und Anforderung gegenüber, die ich nicht, wie vieles, was mich vorher in die Pflicht nahm, beiseiteschieben, auf später verlegen oder dem ich hätte ausweichen können. Ich habe durch Dich gelernt und lerne immer noch. Du hast mich an Grenzen herangeführt, an die ich nicht heranwollte, weil hinter ihnen die Angst lauerte – die Angst vor der Notwendigkeit, mich zu verändern, Vergangenes, Unfertiges abzulegen. Du hast mich mit Herausforderungen konfrontiert, denen ich nicht gewachsen zu sein schien. Wie oft nämlich war Dein Auftreten ein Affront, ein bewußter, aber gezielter Anschlag auf meine Starre und Enge, meine Kontrolliertheit und Maskenhaftigkeit. Die Erschütterungen, die Du mir zumutetest, haben mir meine Unfähigkeit als Mann, als »Ersatzvater«, als Freund, bewußt gemacht. Ich empfand mich als fern und abgerückt, trotz leiblicher Gegenwart. Was eigentlich führte uns zusammen – Zufall, Fügung?

Ja, ich wollte, daß Du zu mir ziehst – jedenfalls glaubte ich es zu wollen. Doch ich ahnte nicht, was mich erwartete. Ich war geleitet von dem Gedanken zu helfen.

Ich trug die Verantwortung in mir, für Dich dasein zu wollen. Zugestanden, es war keine solche, die aus dem Herzen kam, sondern wie vieles in meinem Leben eine Kopfgeburt. Ich sagte mir, ich würde schon in das Verhältnis zur Dir hineinwachsen. Du warst damals 12 Jahre alt. Doch ich gestattete mir nicht, mir die Zeit dafür zu nehmen, mich mit Dir vertraut zu machen.

Brauchte ich Dein Elend, um das meine auszublenden? War es Narzißmus, mein Verlangen nach Anerkennung, das mich, mit der Tarnkappe des Altruismus versehen, zum Handeln drängte? Gab mir Deine Haltlosigkeit Stabilität? Ja, der Beginn meines Verhältnisses zu Dir war problematisch. Ich war selbst unfertig, bedrückt. Wollte ich durch Dich von mir ablenken? Solltest Du mich erlösen und von all jenen Unzulänglichkeiten und Unfertigkeiten befreien, mit denen ich behaftet war? Sei versichert: Ich versuchte, meine Rolle als Vater und Mutter zugleich so gut es ging zu leben. Wie Du Dich erinnern wirst, gelang es mir, schlecht und recht unsren Alltag zu strukturieren – aufstehen, frühstücken, zur Schule schicken, Mittagessen zubereiten, Hausaufgaben beaufsichtigen usw. Du warst versorgt, behaust, gekleidet. Doch wir spürten es beide – unsere Beziehung zueinander hatte etwas Fassadenhaftes. Wir bildeten einen Zweckverband, einen Funktionszusammenhang.

So grotesk es klingt: Je mehr ich mir dessen bewußt wurde, um so mehr verstärkte ich meine Anstrengungen, es uns »recht zu machen«. Aber meinen Anstrengungen mangelte es an Liebe, an echter und tiefer Zuneigung. Von daher blieb meinem Tun der Erfolg im großen und ganzen versagt. Ich kam Dir nicht näher.

Gewiß, Du hast es mir oft nicht leicht gemacht. Deine Renitenz trieb mich manches Mal zur Verzweiflung. Dein demonstratives Schweigen hielt mir unmißverständlich mein Versagen und meine Hilflosigkeit vor Augen. Waren dies Versuche Deinerseits, mich zu zwingen, Dir meine Liebe zu offenbaren, Gefühle aus mir herauszulocken und wenn es auch nur die der Wut waren? Wie oft, lieber N., bist Du davongelaufen? Wie viele Gespräche führte ich mit Deinen Lehrern? Doch am schlimmsten empfand ich, daß ich es nicht vermochte, Deine Hand zu nehmen, um sie in der meinen zu halten. Es war mir nicht möglich, meinen Arm um Dich zu legen, geschweige denn, Dir zu gestatten, Dich an mich zu schmiegen, um mir und Dir das Gefühl zu geben, ganz nah und eng beieinander zu sein. Wie, so frage ich mich heute, konntest Du Dich jemals geborgen und aufgehoben fühlen? Wie konntest Du in der Wüste einer solchen Empfindungslosigkeit überdauern? Glaub mir, es schmerzte mich schon damals, nicht in der Lage gewesen zu sein, Dir die Zuneigung und Liebe zu geben, die Du gebraucht hättest. Ich litt an mir.

Mir war oft danach zumute zu schreien. Ich tat es nicht. Vielleicht wäre der Alp dadurch von mir genommen worden. Warum sprach ich nicht mit Dir darüber? Warum ließ ich Dich nicht wissen, daß Du, daß ich unglücklich war? Warum machte ich mich zum Gefangenen meines eigenen Stärkeideals und verharrte in Regungslosigkeit, nein, Starrheit? Wärst Du ein Mädchen gewesen, ich bin sicher, ich hätte anders gehandelt. Du wirst erstaunt fragen, wieso? Nun, wenn ich ehrlich bin, so war es die ungeklärte Mann-zu-Mann-Beziehung, die mir den Ausdruck von Gefühlen so schwer machte. Ich hatte es nie vermocht, nie gelernt, zu Männern zärtlich und liebevoll zu sein. Allenfalls unter Alkoholeinfluß, im Taumel von Sentimentalität, gestatteten wir uns als junge Männer ein wenig davon, Waren wir wieder nüchtern, so berührten uns unsere Ausfälle peinlich. Angst beherrschte uns, der andere könnte mehr wollen, könnte gar so weit gehen, sexuelle Ansprüche anzumelden, wenn alle Kontrolle wegfiele. Erst mit Dir wurde ich mir der Tragik meiner Invalidität bewußt, begann ich zu begreifen, was man(n) mir vorenthalten hatte, was ich Dir vorenthalten mußte.

Lieber N., ich weiß inzwischen, daß diese unterdrückte Seite unseres Mannseins nicht die Ausnahme ist, sondern die traurige Regel. In der Wissenschaftssprache gibt es einen Begriff dafür. Er lautet: Homophobie. Das bedeutet soviel wie Angst vor dem Gleichgeschlechtlichen. Trotz der Erlebnisse mit Dir und trotz meines Wissens um diese Zusammenhänge bin ich im Grunde immer noch ein Homophobiker. Ich erkenne es daran, daß ich mir die körperlichen Berührungen mit Männern, sprich Freunden, nur in der Form von Umarmungen gestatte. Mehr lasse ich noch nicht zu, vermag es nicht, habe Angst davor, als Homosexueller etikettiert zu werden. Fürchte ich die mögliche Verwirrung in mir und meinem männlichen Gegenüber? Was auch immer es ist, ich halte mich bedeckt. Deshalb auch tut es mir gut zu wissen, daß wir uns heute in den Arm nehmen können und, wann immer wir uns begegnen, uns einen Kuß auf die Wange geben. Das ist in meinem Leben ein großer Fortschritt. Doch wieviel mußte erst geschehen, um dorthin zu gelangen?

Kehre ich noch einmal zu den vorausgegangenen Schilderungen zurück, so wird mir erneut bewußt, inwieweit ich dich damals zwang, eine Kindheit zu leben, ohne Dir im Grunde genommen zu gestatten,

Kind sein zu dürfen. Ich wollte, daß Du eine gute Erziehung erhälst, daß Du erwachsen wirst. Darüber ignorierte ich Deine Gegenwart, die sich nicht in mein Bild fügen wollte. Ja, ich glaube, ich ging sogar manches Mal so weit, daß ich erwartete, daß Du Deine ureigensten Bedürfnisse verleugnest. Damit Du die von mir als richtig befundenen übernimmst. Erinnere Dich an die zahllosen Museen und Ausstellungen, die ich Dir zumutete, währenddessen Du nach Spielplätzen und Gelegenheiten zum Toben Ausschau hieltest. Ich besaß eine Weltanschauung, von der ich überzeugt war, sie sei für uns beide die richtige und wahre, zum Glück hast Du dann irgendwann begonnen, Dir Deine eigene Welt anzuschauen, die allerdings dann schon nicht mehr die meine war.

Nicht zuletzt besaß ich in meinem Kopf einen Plan, der darauf abzielte, Dich auf eine bestimmte, mir angenehme Art und Weise zu modellieren. Das begann schon bei Äußerlichkeiten, drang jedoch tief hinein in Dein Innerstes, Deine kindliche Autonomie, vor der ich offenbar keinen Respekt hegte. Ich warb um Deine Gefügigkeit, suggerierte, verführte, lockte, drohte und glaubte, Dich dadurch für eine bessere Welt zu präparieren. Um das Maß voll zu machen, überforderte ich Dich zudem dahingehend, daß ich den Anspruch hegte, dich als gleichberechtigt zu behandeln. Dieser Anspruch erwuchs aus dem Zeitgeist jener Jahre, dem Antiautorismus, den ich ebenso falsch rezipierte, wie in die Tat umsetzte. Nicht Verführung und Suggestion bzw. Manipulation unter dem Deckmantel von Gleichberechtigung, sondern Führung und Anleitung waren das, was Du wahrhaft gebraucht hättest. Schließlich kamst Du aus Verhältnissen, in denen das Chaos alltäglich war. Zu spät begriff ich, wie sehr Du diese Führung und mein Vorbild herbeiwünschtest und wie Du beides durch Provokationen zu erzwingen versuchtest.

Alles in allem war ich mit der Vorstellung angetreten, Dir ein Stück heile Welt, eine kleine Insel der Seligen anzubieten. Aus ihr sollten – meiner Vision gemäß – die Zumutungen, denen Du bis dahin ausgesetzt warst, verbannt sein. Meine Vision aber war eine typisch männliche. Es mangelte ihr an »Fleischlichkeit«, an Wärme, Gemüt, Gefühl, Liebe oder Sinnlichkeit. An Stelle dessen besaß ich ein Konzept, hatte mir Pläne zurechtgelegt, organisierte und schuf Strukturen und Rahmenbedingungen. Das Leben, mit all seinen Gefühlsreichtümern,

*mit Trauer, Freude, Ausgelassenheit und jenem, von uns beiden so
ersehnten Austausch von Innigkeit, kam darin nur selten vor.*

*Der von mir schon früh abgespaltene weibliche Teil in mir, Wärme
und Zärtlichkeit, fehlte. Er blieb für Dich und für mich unerreichbar.
Ich stak im Prokrustesbett meiner Herkunft – körperfremd, leistungs-
orientiert, arbeitssüchtig, versehen mit und versehrt durch eine
metastasenartig wuchernde Kopflastigkeit, abgenabelt von Wünschen
und Sehnsüchten nach Hingabe, Sanftheit, Mitgefühl, Schwäche oder
Zartheit.*

*Das Ideal, das mir mit Dir vorschwebte, besaß demzufolge ein
gerütteltes Maß an Überforderungen und Destruktivität für uns beide.
Mein erstorbener Sinn für das Lebendige in mir hatte zur Folge, daß
ich Dir die weichen Seiten nie zeigen konnte oder durfte. Es gab die
Mutter, die ich Dir sein wollte, also nicht. Sie war eine Fiktion, eine
Fata Morgana, eine philanthropische Wunschvorstellung, geboren
aus einer dürren, rachitischen Anspruchshaltung. Warum konnte ich
damals noch nicht begreifen, worum es im wesentlichen ging? Ver-
stehst Du nun, aus welcher Richtung meine Lebensbarke daherge-
schwommen kam und in welche Richtung sie driftete – nahezu
steuerlos mit Dir an Bord. Dämmert Dir auch, in welchen Mahlstrom
sie geriet und warum sie strandete? Wenn ich mich richtig erinnere, so
gab es in jenen Jahren zwar Augenblicke der Einsicht und des Erkennens, in denen ich entfernt spürte, daß das soweit Beschriebene etwas
mit meinem Mannsein zu tun haben könnte. Ich glaube sogar, ich
wollte von dieser Karikatur meiner selbst erlöst und befreit werden.
Doch weder wußte ich wie, noch hätte ich es mir vermutlich gestattet.
Die Zeit war, wie man so sagt, noch nicht reif. Nein, ich war es nicht,
weil ich die Beschäftigung mit mir selbst, die Aufdeckung meiner
Spaltungen als selbstsüchtig gegeißelt hätte. Es bedurfte erst weiteren
Unglücks und weiterer Zerstörung, um mich zur Besinnung zu
bringen, um endlich die »schicksalhaft« vorgezeichnete Spur zu
verlassen und mein unfertiges Mensch- und Mannsein anzunehmen.*

*Lieber N., laß mich zum Ende meiner heutigen Mitteilung an Dich
kommen. Wir haben uns ja schon einige Male im Verlauf zahlreicher
Gespräche in der Vergangenheit darum bemüht, die früheren Gegensätze zu ergründen und zu deuten. Dabei fanden wir noch manchen
Diamanten in der Abraumhalde unseres Verhältnisses. Ich bin sicher,*

unsere Suche wird auch weiterhin belohnt. Es muß also etwas jenseits von allen Verstörungen, jenseits von Mißtrauen und Zweifel gegeben haben, das uns davor bewahrte, in eine sprachlose Anonymität zu flüchten. Dieser Gedanke ist mir ein großer Trost. Gestatte, daß ich meine Überlegungen mit einer kleinen Anekdote, die von Mark Twain überliefert sein soll, abschließe. Sie zeigt, daß es für einen Neubeginn wahrhaftig nicht zu spät ist. Sie macht zugleich auf eine liebenswerte Art deutlich, was an Annäherungen noch möglich ist.

Zu Mark Twain kam einmal ein sehr zerknirschter Junge von etwa 14 Jahren. Er sagte, daß er es mit seinem Vater nicht länger mehr aushielte. Es sei unmöglich, mit diesem noch ein vernünftiges Wort zu reden. Seine Ansichten seien schrecklich altmodisch. Auch fände der Vater kein Wort des Lobes für das, was er täte, er müsse sich fast nur noch sein Schimpfen anhören. Ja, sagte daraufhin Mark Twain, er könne sich gut vorstellen, wie ihm zumute sei. Er hätte in seinem Alter die gleichen Erfahrungen gemacht. Er habe heute noch ein ungutes Gefühl, wenn er daran zurückdenke. Mit 20 allerdings hätte sich damals schon einiges gebessert. Als er schließlich 30 Jahre alt war, konnte er mit seinem Vater bereits ganz gut reden. Dieser zeigte Einsicht und Verständnis. Und, ob er es glaube oder nicht, er, Mark Twain, sei heute über 40 Jahre alt. Doch, wenn er einen guten Rat und wirkliche Hilfe brauche, dann gehe er zu seinem Vater, der habe stets ein offenes Ohr für ihn. So können die alten Leute sich ändern.
Ich umarme Dich
In Liebe   *P.*

Anhand des Briefes wird deutlich, daß sich das emotionale Verhältnis von Männern in zweifacher Weise auswirkt – einmal auf sich selbst, zum anderen auf nahestehende Personen. Ein Hauptaspekt dieses Verhältnisses ist dabei die emotionale Beziehungslosigkeit oder das Nichtvorhandensein von echtem, liebevollem Kontakt und Austausch. Anstelle dessen treten Verantwortung, Pflicht, Aufgabe usw. verstärkt in den Vordergrund. Um aber den unverfälschten Kontakt zu Frauen, Kindern, zu Mitmenschen, ja selbst zur Natur herstellen und anbahnen zu können, müßten Männer sich mehr öffnen, müßten sie sich in ihren Gefühlen ansprechbarer und erkennbarer zeigen. Leider ist eben das nur selten oder nie der Fall.

Einzig in der Verbindung zu Frauen machen sie diesen Mangel von Zeit zu Zeit für sich erträglich – doch nicht in Form der großzügigen Geste des Gebens, des Schenkens von Gefühlen, sondern in der des Nehmens. Diese ist Männern vertrauter, sie ist die üblichere und gehört nach wie vor zu den gängigen Requisiten ihrer Rolle. Die Übertragung von Gefühlen ist demnach eine solche, die aus der Richtung der Frau kommt und in die Richtung des Mannes geht. Die Frau stellt, um es einmal bildhaft auszudrücken, den Tropf dar, aus dem der Mann seine emotionelle Nährlösung, seine Infusion erhält.[4]

Wünscht die Frau hingegen eine Ergänzung durch die Gefühle des Mannes, möchte sie an seinem Innenleben teilhaben, so verschließt er sich oft mimosenhaft. Er bekommt Angst, je mehr die Frau verlangt oder gar fordert. Eine wirkliche Balance, eine echte Ausgewogenheit von Gefühlen zwischen Geben und Nehmen ist von daher eher die Ausnahme als die Regel. Die Wärmestrahlen des Gefühls erwärmen vorzugsweise den Mann, weniger die Frau.

Die gefühlsmäßige Verbindung zwischen beiden bleibt indessen nur so lange aufrechterhalten, wie sich die Frau mit dem Mangel an Gefühl, Zärtlichkeit, Aufmerksamkeit oder Sinnlichkeit, Liebe

---

4 Um diese Zweideutigkeit in den Gefühlen der Männer einmal genauer zu fassen, sei hier die Aussage einer jungen Frau wiedergegeben, die mit ihrem Freund eine Reise unternimmt und dabei erkrankt. Von ihm alleingelassen, vertraut sie ihre Wut, Trauer und Enttäuschung einem Tagebuch an.

Sie schreibt: „Er ist ein Baby, er kann nur nehmen, nicht geben, ich will keine Liebe, die in Momenten von extremer Verzweiflung versagt, nur durch Trennung dann aufrecht erhalten werden kann. So eine Liebe stinkt, ist faul. Wenn er Leiden und Krankheit nicht ertragen kann, will ich auch sonst nichts von ihm. Wenn er nur mit mir zusammen sein kann, wenn ich stark, schön, sicher, lustig – kurz: gebend – bin, dann kann ich ganz gut auf ihn verzichten.

Also wieder allein." (Karin Petersen: Ich will nicht mehr von dir, als du mir geben magst, Reinbek 1983, S. 16.)

und Zuneigung arrangiert und zufriedengibt. Weigert sie sich, ihren Part weiterhin zu spielen, das heißt, nur die Gebende zu sein, so bricht das Gleichgewicht auseinander. Mit anderen Worten: Die emotionelle Arbeitsteilung und ihre Aufkündigung durch die Frau führt in dem Augenblick zum Ende der Verbindung, wo die Zeichen der Zeit durch den Mann nicht früh genug erkannt und die Ursachen nicht beseitigt werden.

Aus dem Gesagten wird deutlich: Ohne die Entwicklung einer eigenständigen, von der Frau unabhängigen Emotionalität durch Männer – und zwar eine solche, die sie nicht aus der Frau heraussaugen und von ihr abziehen – bleibt ihre Beziehung zu Frauen, Freunden, Mitmenschen, zu Kindern und zu ihrer Lebenswelt allgemein funktional und zweckgebunden. Hinzu kommt, daß Männer auch zu selten über ihre Gefühle, über die emotionelle Seite von Ereignissen oder Konflikten reden, und wenn sie es doch einmal tun, so geschieht das meist in einer Form, die den Verdacht nahelegt, der Mann sei unbeteiligt, unerschütterbar, souverän, cool. Dieser Umstand hat einige Feministinnen zu der Feststellung veranlaßt, daß der Mann im Grunde genommen gefühllos ist und daß der Versuch, zu seiner Gefühlswelt vorzudringen, ein müßiges, aussichtsloses Unterfangen sei. Dort, wo andere Menschen Gefühle besäßen, fände sich bei ihm nur Wüste und Ödnis.

Ich halte diesen Standpunkt für polemisch und falsch. Gefühle sind bei Männern, wenn es sich nicht gerade um krankhafte Fälle handelt, sehr wohl da, doch ist der Zugang zu ihnen oft genug verschüttet und durch frühe Verwerfungen bzw. Verschiebungen in ihrer Geologie nur mühsam zu erreichen, aufzudecken oder zu erkunden.

Es entspricht meiner Erfahrung, daß insbesondere Krisen im Leben eines Mannes – und zwar infolge des Verlustes einer geliebten Person – dazu angetan sind, ihnen Zugang zu den Ursprüngen ihres Gefühls, zu den tief innen liegenden Anteilen ihrer Emotion zu verschaffen, sie zu öffnen bzw. in die Lage zu versetzen, sich selbst und ihren beklagenswerten Zustand einmal anzuschauen. Generell aber läßt sich sagen: Männer neigen dazu, der Außenseite ihrer Person und ihres Lebens weitaus mehr Aufmerksamkeit zu widmen und die Innenausstattung darüber zu ignorieren oder auszublenden. Beispielhaft konnte diese einseitige Ausrichtung ja auch meinem Brief entnommen werden. Im Verhältnis zu meinem Pflegesohn besaßen Planung, Gestaltung, Schaffung von Rahmenbedingungen usw. gegenüber der weitaus wichtigeren Emotionalität eindeutigen Vorrang – ein für mich heute immer noch zutiefst deprimierender Gedanke. Aber wie ich weiß, geht es zahlreichen Männern so. Das, was man(n) organisieren und machen kann, das, was meßbar, berechenbar, vorzeigbar ist, hat mehr Gewicht und ist von größerer Bedeutung. Der Mann objektiviert, schafft sich Doktrinen, Formen und Weltanschauungen und verliert darüber seine Seele, seine Menschlichkeit, sein wahres Erleben, Erleiden, seine Fähigkeit betroffen zu sein, sich in Menschen einzufühlen oder mit ihnen zu »schwingen«.

Je hilfloser sein Innenleben ist, je ungeordneter es darin zugeht, je bedrängter seine Gefühle sind, um so mehr muß er sie unter Verschluß oder in Schach halten. Die Folgen einer solchen Ausgrenzung aber spiegeln sich in all jenen Dressuren und Selbstverleugnungen der Männer wider, wie man sie täglich in ihren Manegen, das heißt in Berufs- und Arbeitswelt, bzw. am Abend im wenig trauten Kreis der Familie oder im ehelichen Bett beobachten kann. Während sie in der jeweiligen, sie überfordernden Situation, das heißt der Auseinandersetzung mit Chefs, untergebenen Kollegen, mit Verkehrsteilnehmern, Nachbarn, Frauen oder Kindern, noch nach angemessenen Ausdrucksformen ihrer Emotionen (hier zu meist Affekte) suchen, katapultieren sie sich bereits in Form eines Salto mortale zurück in ihre Vorkindergartenzeit und reaktivieren all jene trotzigen, weinerlichen, zerstörerischen, haßerfüllten, gekränkten und rachsüchtigen Impulse, die sie eigentlich schon längst hinter sich gelassen haben sollten. Mag sein, daß der Verdrängung und Abspaltung der Gefühle bzw. Affekte damals eine Art Selbstschutz, ein Versuch zugrunde lag, sich vor Bedrohlichem, Angstmachendem zu bewahren. Die Hartnäckigkeit und Langzeitwirkung solcher Gefühle ist unbestritten. Sie dennoch irgendwann einmal abzulegen, zu bearbeiten oder zu verändern, um den liebevollen, lebensfördernden Emotionen Raum zu geben, sollte Männern ein Anliegen sein. Je früher sie mit der Entsorgung ihrer »seelischen Altlasten« beginnen, um so besser. Leider erkennen Männer den Nutzen eines solchen Tuns oft nicht. Sie weigern sich zu begreifen, daß sie im Zuge einer, wenn auch mühsamen Aufarbeitung ihres gefühlsmäßigen Analphabetismus im Grunde genommen nur dazugewinnen, und zwar, indem sie von ihren großen Lebensirrtümern Abstand nehmen lernen und zu einem sorgsameren Umgang mit sich selbst und ihren Mitmenschen finden. Dadurch, daß sie die blinden Flecken in ihrer Gefühlsoptik beseitigen, werden sie zugleich sehender, erkennender – selbst dann, wenn dieses Sehen für eine Weile recht schmerzhaft und beängstigend sein sollte. Doch besser unter Schmerzen sehen lernen, als immer wieder blind scheitern.

Hinter den von mir vorgetragenen Appellen verbirgt sich selbstverständlich nicht die Absicht, Männer zu einer anpäßlerischen Bravheit gegenüber Frauen zu ermutigen oder ihnen die Kultivierung einer Osterhasenmentalität nahezulegen. Auch rede ich keiner irgendwie gearteten, dem Zeitgeist entsprechenden, überloyalen Sanftheit das Wort. Diese mitunter bei Männern zu beobachtende Haltung hat etwas mit der Folgsamkeit von Muttersöhnchen zu tun und ist nicht selten Ausdruck davon, daß sie sich in ihren Gefühlen dem femininen Pol zu weit angenähert bzw. ihre eigenen strukturbildenden Konturen dabei verloren haben.

Die Lösung des Problems männlicher Gefühle verlangt hingegen von ihnen, sowohl ihr aktuelles, gesellschaftliches Wesen als auch ihr individuell gewordenes Mannsein zu begreifen. Beides kann nicht losgelöst voneinander betrachtet werden.

Mit anderen Worten: Um der Entgrenzung ihres Mannseins stattzugeben, müssen sie sich ihrer Vergangenheit stellen, da diese in der Mehrzahl der Fälle eine karge, widersprüchliche und oftmals unerträgliche Gegenwart hervorgebracht hat. Freilich, einfache Lösungen bieten sich keine an, denn eine neue Form der gefühlsbetonteren Geschlechtlichkeit kann nur das Produkt einer langwierigen Umwandlung, einer grundsätzlichen »Häutung« sein, die nicht ohne Trauerarbeit vonstatten gehen wird. Doch sind Männer dazu bereit?

Mann und Technik

>»Freisetzung der Macht des Atoms
>hat unser ganzes Leben verändert –
>aber nicht unser Denken.
>Und darum treiben wir einer beispiellosen
>Katastrophe entgegen.«[*]
>
>Albert Einstein

Die Überlegungen zu diesem Kapitel sollen mit der Frage eingeleitet werden, ob die Technik als ein Produkt männlichen Handelns und Denkens angesehen werden muß bzw. ob es einen nachweisbaren Zusammenhang zwischen Technik und Geschlecht gibt. Um es gleich vorweg zu sagen: Ein solcher Zusammenhang existiert in der Tat. Damit dieser aber deutlich wird, ist es erforderlich, sich ihm auf einem Umweg zu nähern. Ich gehe dabei von der plakativen Feststellung aus, daß Männer überwiegend zum Handeln und Tätigsein tendieren, wohingegen Frauen eher der Seite des Erlebens zuneigen.

Einer der Gründe für diese Aufspaltung liegt zunächst darin, daß männliche Kinder nach »außen hin« erzogen werden – und zwar in Richtung des Umgangs mit den Dingen der Welt, also mit »objektiven« Fakten und Ereignissen. Subjektive Befindlichkeit, Zustände und Erlebnisformen hingegen sind weitaus weniger und seltener Bestandteil ihrer Erziehung und Einflußnahme durch Erwachsene. Infolge der stärkeren Außenorientierung von Jungen, die, wie zu zeigen sein wird, bereits sehr früh einsetzt, kommt es unter anderem zu einer allmählichen Übernahme von sogenannter technischer Logik, von sogenannter instrumenteller Vernunft, von Denken in Abstraktionen bis hin zu dem sich später ausbildenden ökonomischen Denken.

Gerade das ökonomische Denken, aus dem, je nach Umständen und Situationen, ein entsprechendes Handeln und Tätigsein er-

[*] Aus: Albert Einstein: Über den Frieden, Berlin 1975, S. 386.

wächst, ist ein Denken sowohl in Nützlichkeitskategorien als auch in Zweck-Mittel-Relationen. Was ist damit gemeint?

Die Kategorie der Nützlichkeit drückt sich, stark vereinfacht, darin aus, daß sich Männer vor Entscheidungen, Problemen oder Herausforderungen in ihrem Alltag oft die Frage stellen, ob und was ihnen das »einbringt«, ob sich das »lohnt«, welchen »Gewinn« und »Vorteil« sie dabei haben. Zum Beispiel trainieren sie ihren Körper weniger aus zweckfreier Lust an der Bewegung oder aus dem Erleben ihrer Lebendigkeit heraus, sondern weil dieses Training ihnen gutes Aussehen garantiert oder eine Immunisierung gegen Streß verspricht. Sie unterziehen sich unter Umständen einer Therapie, doch nicht aus Freude an der Selbsterkenntnis, an Wachstum und Reifung, bzw. um infolge dieser Therapie für sich etwas zu lernen, sondern um ihrer Frau zu gefallen bzw. diese zurückzugewinnen, wenn sie sie verlassen hat, oder um beruflich besser präpariert zu sein.

Über die unterschiedlichsten Sozialisationsinstanzen, deren wesentlichste Elternhaus, Kindergarten und Schule sind, und die alle in einer geschlechtsspezifischen Art und Weise dazu beitragen, den Charakter und die Persönlichkeit von Mädchen und Jungen zu formen, erwerben Männer im Laufe der Zeit die genannten instrumentellen, technischen und abstrahierenden Qualifikationen. Deren Anfänge liegen dort, wo kleine Jungen mit Bauklötzen oder Spielzeugeisenbahnen hantieren oder mit allerlei Basteleien und Experimenten ihr technisches »know how« ausbilden. Sie finden schließlich im Erwachsenenalter ihren praxisbezogenen Niederschlag in der Konstruktion eines Fahrrades, im Bau eines Hauses, in der Errichtung eines Atomkraftwerkes, im Entwurf eines Computerprogramms oder gar in der schonungslosen Ausbeutung natürlicher Rohstoffquellen. Zahlreiche Beobachtungen, das Spielverhalten von Mädchen und Jungen betreffend, haben erkennen lassen, daß es in den ersten beiden Lebensjahren allerdings so gut wie keine geschlechtsspezifischen Unterschiede bei der Wahl des Materials, mit dem gespielt wird, gibt.

»Bauklötze, Stofftierchen, Ringe oder was Eltern Babys in dem Alter anzubieten pflegen, wird von beiden Geschlechtern gleichermaßen angenommen oder abgelehnt. Aber kurze Zeit danach deuten sich doch Vorlieben an, die die Motorik betreffen.«

Bei den Vier- bis Fünfjährigen werden diese Vorlieben für das eine oder andere Bauteil bzw. Spielelement schon unübersehbarer. Einige Jahre später schließlich greifen Jungen gern zu

»Spielzeugwaffen, Baumaschinen, Radspielzeug: Spielzeug jedenfalls, das in irgendeiner Weise grobmotorisch schiebend, stoßend oder ›kämpferisch‹ einzusetzen ist. Mädchen zeigen demgegenüber deutliche Präferenzen für mehr künstlerische, feinmotorische und rhythmische Aktivitäten. Etwa nach dem zehnten Lebensjahr verstärken sich die Unterschiede weiter durch die Zunahme kämpferischer Elemente beim Spiel der Jungen: Sie bevorzugen Spiele, in denen sie körperlich kräftig aneinandergeraten, in denen Auseinandersetzungen zwischen männlichen Feinden dargestellt werden (Räuber – Polizist, Cowboy – Indianer), in denen Gruppenbildungen möglich sind und bei denen Objekte, welcher Art auch immer, durch die Luft geschleudert werden können. Die Mädchen spielen von dieser Altersgruppe an gern Spiele, die eher ›ruhige‹ Aktivitäten beinhalten, bei denen das Schwergewicht auf verbalen Vorgängen, ritualisierten und nicht-kämpferischen Parteien liegt, in denen gesungen wird und rhythmische Bewegung möglich ist...

Die Jungen bauten meistens Häuser und Türme mit eindrucksvollen, wehrhaften Außenfassaden. Menschen und Tiere hielten sich draußen auf. Häufig wurden Katastrophen (Massen-Karambolagen) und Zusammenstöße zwischen Menschen gestaltet. Die Mädchen dagegen beschäftigten sich mehr mit Innenszenen, Menschen und Tiere befanden sich drinnen und saßen oder standen beieinander.

Beim Achtzehnjährigen haben sich Interessenschwerpunkte herausgebildet, die bei Jungen öfter auf den Gebieten Technik, Technologie, Landwirtschaft (amerikanische Untersuchung!), bei Mädchen häufiger auf sozialen, pädagogischen und religiösen Feldern liegen.«[1]

Was der Autor hier anhand einer amerikanischen Untersuchung vorträgt, kann mit Einschränkungen auch auf bundesdeutsche Verhältnisse übertragen werden. Es entspricht also einer allseits zu beobachtenden Tatsache, daß Männer weitaus mehr handeln, ja geradezu aggressiv »Welt und Wirklichkeit« gestalten und

---

1 E. Kloehn: Typisch weiblich – typisch männlich? Geschlechterkrieg oder ein neues Verständnis von Mann und Frau, Hamburg 1986, S. 55.

aktiv in diese eingreifen bzw. ihr den jeweils aktuellen, historischen, technischen oder ökonomischen Stempel ihrer Epoche aufdrücken.

Zum Beweis für diese Behauptung bemühe man sich einfach einmal in ein Museum für Technik und Verkehr. Die soeben getroffene Feststellung läßt dort insofern keine Zweifel mehr aufkommen, als die Erfinder der Dampfkraft, des Motors, die Entdekker der großen Energiequellen Atom und Elektrizität, die Erbauer von Kanälen und Wasserbauwerken, die Schiffs- und Flugzeugingenieure, Architekten und Konstrukteure fast ausnahmslos Männer sind und waren und als solche Aufnahme im Pantheon männlichen Entdecker- und Erfindergeistes fanden. Zudem waren es Männer, die Systeme und Apparate hervorgebracht haben, die weitgehend technologischen Gesetzmäßigkeiten folgen. Ich denke dabei an Administrationen, Bürokratien, an Polizei, Militär und Schulen. Aber auch die schlichten umgangssprachlichen Wendungen, wie aktiv, forsch, durchsetzend, planend, handelnd, entwerfend usw. werden heute noch eher mit der männlichen Sicht der Dinge, mit männlichem Tun in Verbindung gebracht als mit dem der Frauen. Sie deuten dabei insgesamt auf eine Wirklichkeit hin, die mehr auf Beherrschung und Gestaltung abzielt und weniger auf Betrachtung, Anschauung, Meditation, Erleben oder geistige Sammlung.

Warum Frauen an den oben erwähnten Leistungen keinen so nennenswerten Anteil hatten, warum die genannten Eigenschaften immer noch auf männliche Geschlechtsspezifik verweisen, soll und kann hier nicht erörtert werden. Carolyn Merchant ist in ihrem Buch »Der Tod der Natur – Ökologie, Frauen und neuzeitliche Naturwissenschaft« ebendieser Frage nachgegangen und hat in sehr anschaulicher Art und Weise dazu Stellung genommen.[2]

Technische Rationalität, instrumentelle Vernunft, Denken in Abstraktionen, in Thesen und Theorien sind also zur Zeit vielfach noch Eigenschaften, die mehr auf der Seite der Männer zu finden sind und von daher auch gesellschaftlich entsprechende Bewertun-

---

2 Vergl. hierzu C. Merchant: Der Tod der Natur – Ökologie, Frauen und die neuzeitliche Naturwissenschaft, München 1987.

gen und Prämierungen erfahren. Zwar brachten sie im Laufe der Jahrhunderte eine Vielzahl segensreicher Erfindungen und Entdeckungen hervor, doch die irrationale Seite der Technikbesessenheit, die wohl kaum zu leugnen ist, zeitigt inzwischen Konsequenzen und Auswirkungen, die sich zunehmend als zerstörerisch, ja geradezu katastrophal für Mensch und Natur erweisen. Eine ganze Reihe von bis vor wenigen Jahrzehnten noch durchaus segensreichen Konstruktivkräften – ich denke hier insbesondere an das Auto – verwandelten sich infolge von Überproduktion in sogenannte Destruktivkräfte und beschleunigen den Niedergang der natürlichen Lebensgrundlagen des Menschen, beschleunigen einen Vorgang, der darauf hinausläuft, daß die Erde nicht mehr länger in der Lage ist, die Menschen auszuhalten. Sollte in näherer Zukunft dahingehend kein prinzipielles Umdenken stattfinden – und zur Zeit deutet sich ein solches leider nicht an – so wird die technokratische Selbstverliebtheit und Bewußtlosigkeit der Männer in Verbindung mit einer wildgewordenen Ökonomie der Erde schließlich den letzten Stoß versetzen – eine wenig erfreuliche Aussicht. Tschernobyl, Seveso, Emissionen aus Millionen Auspufftöpfen und Fabrikschloten, das Abbrennen der Urwälder, Ozonlöcher und Klimaschocks sind nur einige der Vorboten der sich anbahnenden Selbstauslöschung.

So gesehen hat es den Anschein, als ob das Verschwinden ganzer Pflanzenarten und Tiergattungen, das Sterben der Wälder, der Gifttransport der Flüsse, die Verpestung der Luft, aber auch das Verkümmern der Seele des Mannes die Folge ein und desselben Zerstörungsvorganges sind. Der Mann hat durch sein Handeln die Natur zum Objekt seiner Unterwerfung und Ausbeutung gemacht. Doch die Natur blieb nicht untätig. Sie ist dabei, auch ihn in ein Objekt zu verwandeln, indem sie – sozusagen in dialektischer Umkehrung – damit beginnt, ihn zu beherrschen. Sie verweigert sich und entzieht ihm durch ihr Absterben die Lebensgrundlage. Oder anders ausgedrückt: Die verwundete Natur läßt den Menschen schlichtweg allein. Sie versagt sich ihm und seinem krankhaften Machbarkeitsdenken. Da aber Eisen, Beton, Plastik oder Stahl nicht zum Verzehr geeignet sind, kann und wird sie ihn eines Tages nicht mehr länger ernähren und am Leben erhalten.

Doch nicht nur die physische Grundlage seiner Existenz wird dem Menschen, dem Mann entzogen, sondern auch die seelische. Dieser Prozeß ist bereits in vollem Gange. Der Mann verliert sich heute im wesentlichen in einer technischen, künstlichen Welt, die ihm wenig Tiefe, kaum Geheimnisvolles, Beseligendes, Erhabenes und Schönes vermittelt, sondern im großen und ganzen nur noch Oberflächlichkeit und Trivialität bereithält bzw. seichte Bedürfnisse weckt. Andere Formen der Erschließung und Erfahrung von Wirklichkeit oder Lebenswelt als solche, die technologisch ausreichend sind, verlieren dabei zunehmend an Bedeutung oder büßen ihre vormalige Geltung ganz ein. Ich denke hier an gefühlsmäßige, religiöse, mythische, märchenhafte, spontane, intuitive, lebendige oder natürliche Formen. Denn zahlreichen Beteuerungen zum Trotz rangiert der Faktor Technik / Ökonomie schon seit langem vor dem Faktor Mensch, vor seiner Natur, seiner Gefühlsgebundenheit und Lebendigkeit. Dennoch: Trotz der reichlich pessimistisch anmutenden Prophetie kann es selbstverständlich nicht darum gehen, die Technik als Ausdruck des männlichen Gestaltungswillens insgesamt zu dämonisieren oder einer rückwärts orientierten Maschinenstürmerei das Wort zu reden.

Auch die Behauptung, die Technik sei das schlechthin Zerstörerische, teile ich so unbesehen nicht. Beispielsweise kann ein Faustkeil als frühes technisches Instrument zum Töten eines Artgenossen mißbraucht werden. Er kann zugleich aber auch dazu dienen, erlegtes Wild zu tranchieren oder einen Löffel zu schnitzen. Die Technik, wie sie bis heute vom Mann ersonnen, vorgeführt und eingesetzt wird, besitzt ganz ohne Zweifel auch ihre segensreichen Seiten, auf die man angesichts einer hochkomplexen gesellschaftlichen Wirklichkeit und voneinander abhängigen Form der Produktion nicht verzichten kann, ohne einen Zusammenbruch herbeizuführen. Doch ihr kaum noch zu beherrschender, alles vereinnahmender Molochcharakter droht sich gegen die Urheber und Zauberlehrlinge zu wenden und in ein nicht mehr handhabbares Chaos, in die Denaturierung, in den sozialen Ruin zu führen.

Der Gefahr, die aus der Technik erwächst, liegen im wesentlichen zwei Ursachen zugrunde: a) die Einseitigkeit rationalen Denkens, Handelns und Verhaltens bzw. die Einseitigkeit instrumen-

114

teller Vernunft und b) die chaotische, kaum noch steuerbare Überproduktion, die oftmals als notwendiges Wirtschaftswachstum
ausgegeben wird. Beides muß als Maxime männlichen Verhaltens
gesehen und bewertet werden. Denn: *»Es ist eine triviale, aber des-
wegen nicht weniger wahre Tatsache, daß wir Männer die heutige
Welt beherrschen: Es gibt keine wichtige gesellschaftliche Institution,
in der die Mehrheit der Entscheidungsträger nicht aus Männern
bestünde. Kein Wunder, daß unsere Welt bis in ihre feinsten Poren
eine technologische, von monomanischem, instrumentellem Verhalten
geprägte Welt ist.«*[3]

Ähnlich interpretiert auch Joachim Bodamer diesen Zusammenhang.

*»Als Schöpfer der Rationalität und als Träger des technischen
Bewußtseins ist der Mann verantwortlich für eine Entwicklung, deren
düstere Seiten heute kaum geleugnet werden können, und dies nur
von denen, die den Optimismus des 19. Jahrhunderts als einen
fragwürdig gewordenen Glauben noch immer festhalten.«*[4]

Am Beispiel des Autos, respektive des Individualverkehrs erfahren die Schlußfolgerungen beider Autoren eine brisante Aktualität
und Bedeutung, bzw. können darüber hinaus ohne größere
Schwierigkeiten auf ihre Stichhaltigkeit überprüft werden. Es ist
vorzugsweise der Mann, der dem Auto heute eine fast schon mystische Bedeutung und Verehrung zuteil werden läßt. Zwar begrün-
det er seinen Besitz und Unterhalt mit wirtschaftlichen oder beruflichen Gründen und Erfordernissen, doch wirken solche Rechtfer-
tigungen zumeist wenig überzeugend. Denn Männer fahren mit
Vorliebe auch unentwegt dort noch Auto, wo das völlig überflüssig
ist, weil die Strecken nur kurz sind und der damit verbundene verstärkte Schadstoffausstoß schädlicher ist als anderswo. Freilich gestehen sie weder sich noch anderen ein, daß am Steuer zu sitzen für
sie mehr bedeutet, als sich von Punkt x nach Punkt y zu bewegen,
oder daß Auto fahren für sie noch etwas anderes ist als nur Fortbe-

3 R. Jokisch: Mann-Sein. Identitätskrise und Rollenfindung des Mannes in der heutigen Zeit, Reinbek 1982, S. 9.
4 J. Bodamer: Der Mann von heute. Seine Gestalt und Psychologie,
München 1964, S. 25.

wegung – nämlich ein Gefühl der Beherrschung, ein Gefühl der souveränen Handhabung, einer stets (oder zumeist) dienstbaren Technik, die sie im Einklang mit ihrer technischen Selbstverliebtheit immer wieder auskosten und erleben müssen.

Das Bedürfnis, Autos zur Fortbewegung zu nutzen, hat dazu geführt, daß sich die beförderungssüchtigen männlichen Gewohnheitspassagiere – ohne daß ihnen dieser Umstand bewußt ist – aus einer Welt verabschiedet haben, in der sie sich über Jahrmillionen hinweg aus eigener Kraft und aus eigenem Antrieb fortbewegten. Daß der Mann dabei in Umkehrung zu seiner vermeintlichen automobilen Machtfülle und eingedenk seiner zunehmenden Zeitknappheit gerade im Stadtverkehr am unteren Ende einer Skala von wirklicher Mobilität (Stau) sitzt, will ihm nicht in den Sinn kommen bzw. ändert nichts an seiner Einstellung. Er hält es dabei mit den Lemmingen, die auch unbeirrt und unverdrossen allesamt in einer großen Wanderbewegung in den Abgrund marschieren – ein Phänomen, das bis heute noch weitgehend unerforscht geblieben ist. Ebensowenig legt sich der Autohalter und -benutzer Rechenschaft darüber ab, daß das Autofahren ihm ein Stück seiner Kontrolle über sein physisches und psychisches Erleben nimmt. Infolge der von ihm selbst herbeigeführten Bewegungslosigkeit greift er statt dessen zu allerlei Ersatzhandlungen und Aktivitäten.

Er schafft sich einen Heimtrainer mit Ergometer und Digitalanzeiger an, um über die erbrachte Leistung genau informiert zu sein, bzw. er läuft auf der Walze seine Joggingstrecke ab. Oder: Weil er jeden Morgen, aus der beheizten Wohnung kommend, sich in sein bereits vorgewärmtes Auto (Standheizung) setzt, um sodann in sein Büro zu fahren, bewegt er sich nur noch in künstlich klimatisierten Räumen und versteht die Welt nicht mehr, wenn er von einer Allergie und einer Erkältung in die nächste taumelt – ganz zu schweigen von Streßbelastung bzw. Infarktrisiko im Stadtverkehr, insbesondere bei sogenannten hard drivers.

Doch die Sucht nach Bequemlichkeit und die Lust an Macht und Souveränität (12 Zylinder, 120 PS, oben gesteuerte Nockenwelle, Injection, Turbo, Heck- und Frontspoiler usw.) läßt die genannten Nachteile eindeutig in den Hintergrund treten, läßt die Frage nach Sinn und Zweck der Vollmotorisierung (eine Familie –

zwei Autos) zur reinen Farce verkommen. Denn Autofahren vermittelt Macht, Kraft, Potenz, Freiheit und Unabhängigkeit. Doch ist die technische Macht nur geborgte Macht, also eine Art Karikatur, und die Freiheit ist nur eine vermeintliche, weil sie an der Stoßstange des Vordermannes endet. Aber gleichgültig, welche Argumente ins Feld geführt werden: Macht, Mobilität, Technikverliebtheit, angebliche Bequemlichkeit oder Status, definiert über den Autotyp, den man(n) fährt, sind offenbar wichtige Bestandteile männlichen Erlebens, männlicher Sehnsucht und männlichen Lebensgefühls.

Man beobachte dazu nur einmal, mit welcher geradezu sinnlichen Hingabe Männer ihre Blechgötzen pflegen, wie sie sie schmücken und herausputzen und welchen Wert, welche »lustvolle Besetzung« sie ihrer Ps-strotzenden Droge beimessen. Gleiches gilt im übrigen auch für Motorräder. Ähnlich wie bei anderen konzentrierten Sehnsüchten, Erwartungen, Wünschen oder Eitelkeiten der Männer, die nur tiefenpsychologische Betrachtungen annähernd zu erhellen vermögen, handelt es sich auch hier weitgehend um solche, die einer körper-, lebens- und naturfeindlichen oder doch zumindest -fremden Einstellung erwachsen. Darüber hinaus bietet das Auto aber auch die Möglichkeit, den Drang nach Abwechslung und Fernweh, gekoppelt mit dem Wunsch nach Geborgenheit in den eigenen vier Wänden, dem rollenden Wohnzimmer, zu befriedigen. Ob es das Fernweh eines Stubenhockers ist oder das einer Schnecke, die ihr Haus stets mit sich herumschleppt, überlasse ich der Beurteilung anderer. Soviel jedoch sollte klar sein: Das Auto ist für viele Männer das Zuhause en miniature – dekoriert mit allerlei Kissen, Bezügen, Fellen, Teppichen, Figuren, die am Innenspiegel baumeln, Bildern und Aufklebern usw. Warum und wieso das so ist, darüber kann nur spekuliert werden. Doch es dürfte vermutlich nicht so weit hergeholt sein, wenn ich behaupte, daß Millionen von Mitbürgern, insbesondere Männer, das tägliche Stillsitzen in häuslicher oder beruflicher Enge nicht aushalten und nach Ausgleich drängen. Da sie aber ihren Körpern zum Teil so entfremdet sind, daß sie keine Alternative zu der ihnen vertrauten technischen Fortbewegung kennen, besteigen sie ihr Auto.

Insgesamt gesehen könnte man diese Verrücktheit ja belächeln, als schrullig oder als ein Kuriosum der Postmoderne abtun, wenn sich dahinter nicht eine abgrundtiefe Tragik verbergen würde.

Stichwort Landschaftsverbrauch: In der Bundesrepublik sind weitere 3 000 km neue Autobahnen geplant, Bundes-, Kreis-, Gemeinde- und Staats-, Wald- und Wirtschaftstraßen.

- Auf deutschen Autobahnen werden pro Jahr 160 000 Tonnen giftiger Straßenstaub erzeugt. Dazu kommen noch 700 000 Tonnen Streusalz, 3 500 Tonnen Blei und weitere Millionen Tonnen Schwermetalle, Giftstoffe und Abgasrückstände.
- Über 100 000 Bäume verlieren in deutschen Großstädten Jahr für Jahr durch das Auto ihr Leben.
- Der Wald stirbt weiter. Am schnellsten im Gebirge. Was folgt, sind Säuresteppen.
- Für 60 Prozent der Bevölkerung ist der Verkehrslärm die stärkste Umweltbelästigung. Dagegen helfen an manchen Straßen nur Schallschutzfenster, Schlaftabletten und Psychopharmaka.
- Jährlich werden in Waschstraßen 30 Millionen Kubikmeter sauberstes Trinkwasser zur Blechkörperpflege verbraucht, das ist ein Fünftel des jährlichen Wasserverbrauchs von München, von der dabei aufgewendeten Energie ganz zu schweigen.
- In lediglich 13 Jahren hat die Menschheit mehr Erdöl verbraucht als in ihrer gesamten Geschichte zuvor.
- Den Fußgängern ergeht es heute wie den Indianern. Ihre Reservate werden immer kleiner, ihre Lebensräume unerträglicher.
- Saurer Regen zerstört unablässig zahllose Kulturdenkmäler.
- Pro Stunde entstehen in der Bundesrepublik über 5 400 Quadratmeter neue asphaltierte Verkehrsfläche. Das ist fast die Größe eines Fußballfeldes – Tag und Nacht, jede Stunde.
- Ein Autobahn-Kleeblatt braucht soviel Platz wie die historische Altstadt von Salzburg.
- Auf einer Strecke von 100 km Landstraße werden im Jahresdurchschnitt 13 Vögel, 3 Katzen, 17 Igel, also 33 Tiere an einem Wochenende überfahren. Insekten, Schmetterlinge, Falter nicht mit eingerechnet.
- Ein Mittelklassewagen ohne Katalysator setzt pro Kilometer durchschnittlich 2,2 Gramm Stickoxide und neun Gramm

Kohlenmonoxid frei. Das reicht, um 27000 Kubikmeter reine Luft zu verseuchen.[5]

Ich drückte bereits meine Zweifel darüber aus, ob diese Technik und Produktionslogik auf Dauer ökologisch noch zu verkraften ist. Ja, ich gehe sogar so weit zu behaupten, daß letzten Endes die Psychologie des Mannes von heute auf eine Art Verantwortungslosigkeit und Unreife infolge seines technischen Bewußtseins hinausläuft – und dies nicht nur im Hinblick auf das Auto, als einem deutlich benennbaren und beschreibbaren Exponenten dieses Bewußtseins, sondern im Hinblick auf seine Technikbesessenheit überhaupt. Es muß angenommen werden, daß der Mann die Folgen seines Tuns nicht mehr überblickt, geschweige denn sich darüber Rechenschaft abgibt. Deshalb werden auch kaum Konsequenzen im Sinne eines Verzichtes oder eines radikalen Umdenkens in nächster Zeit zu erwarten sein. Der beispielsweise sprunghaft ansteigende, weltweite Absatz von Autos und elektronischen Gütern unterschiedlichster Art bestätigt diese Annahme hinlänglich. Der Mann sieht sich, wenn überhaupt, nur als Rädchen in einem Supergetriebe. Er erledigt innerhalb seines kleinen Sprengels pünktlich und akkurat, was an Arbeit anfällt, was von ihm verlangt wird. Dafür will er belohnt werden – materiell. Er ist außerstande und auch nicht willens, die Konsequenzen seines Tuns zu überschauen. Deshalb tritt er weder mit seinem Gewissen noch mit seiner Person für Änderungen ein. Er bleibt dem Gewöhnlichen, dem Faktischen, dem, was ihm bekannt ist und was er um sich herum sieht und bestätigt findet, verhaftet. Es ist die Seinsart der Alltäglichkeit. Sie zwingt Männer und manipuliert sie, so zu sein, wie man(n) gemeinhin ist, denkt oder handelt – im Verständnis der hier angestellten Überlegungen, also technisch.

5 Diese Hinweise sind entnommen: Ausstellungskatalog „Alptraum Auto – eine hundertjährige Erfindung und ihre Folgen" von P. M. Bode, S. Hamberger und W. Zängl, München 1986. – „Was sie schon immer über Auto und Umwelt wissen wollten". Hrsg.: Bundesminister für Umwelt, Naturschutz und Reaktorsicherheit, Stuttgart/Berlin/Köln/Mainz 1987.

Gerade der durch sein technisches Bewußtsein geprägte und die technische Realität bejahende Mann stellt sich aber somit nur als Teilmensch dar, weil er die zahllosen anderen Seinsmöglichkeiten und Erlebensformen nicht mehr zuläßt oder sich ihrer nicht mehr bedient. Er ist der schon an anderer Stelle so benannte einseitige, entfremdete Mann. Seine Einseitigkeit schlägt sich auch in der Art und Weise nieder, wie und über was er vorzugsweise kommuniziert – nämlich über Themen und Inhalte, die mit ihm, wenn überhaupt, nur bedingt etwas zu tun haben – über Politik, Wetter, Sport, Technik, finanzielle Fragen oder solche, seinen Beruf betreffend. Es ist ihm dabei möglich, weite Bereiche seiner Person, seines Gefühls, seiner Befindlichkeit auszublenden – es sei denn, er leidet gerade einmal extrem.

Man(n) verstehe mich richtig: Ich hege nicht die Absicht, Männer zu einer Endlosdebatte über die Innenausstattung ihrer Seele, ihrer Gefühle, über die Notwendigkeit des Wachstums und der Reifung zu animieren. Nach Aussage der Autorinnen Cheryl Benard und Edit Schlaffer dürfte dies ohnehin ein reichlich müßiges Unterfangen sein.[6] Ich möchte einzig darauf hinweisen, welche Konsequenzen es für sie und andere hat, wenn sie unbewußt an dieser Einseitigkeit festhalten bzw. sie stets aufs neue mit ihren Geschlechtsgenossen in Szene setzen. Und insbesondere die Technik stellt eines jener stets wiederkehrenden Männerthemen dar.

Vor nicht allzulanger Zeit wurde ich Zeuge eines Gesprächs zweier Männer, die spontan über das Medium »Kamera« zueinander gefunden hatten und sich nun engagiert, bzw. versehen mit einer verwirrenden Fülle an Details, in geradezu esoterischer Weise darüber austauschten. Ich habe versucht, so gut es ging, dieses Gespräch einmal nachzuzeichnen.

»Ich sehe, Sie haben die gleiche Kamera wie ich. Sind Sie zufrieden?
Zufrieden ist gar kein Ausdruck. Die Knipse ist galaktisch.
Finde ich auch. Besonders die Matrix-Messung.

6 Vergl. hierzu Ch. Benard / E. Schlaffer: Laßt endlich die Männer in Ruhe. Wie man sie weniger und sich selbst mehr liebt, Reinbek 1990.

Stimmt! Ich habe mit einem Profi gesprochen, der schwört darauf.

Ja, man kann sie in fast jeder Lichtsituation einsetzen. Nur, wenn die Kontrastunterschiede mehr als 5 ev betragen, dann, ja, habe ich manchmal Schwierigkeiten.

In solchen Fällen benutze ich regelmäßig den fill-in-flash. Dann komme ich zu ausgewogenen Lichtstimmungen.

Ist das nicht eine komplizierte Rechnerei?

Völlig easy – in Verbindung mit einem Systemblitz und der matrixgesteuerten TTL-Messung. Damit fotografiere ich selbst einen Schwarzen vor strahlend hellem Hintergrund noch korrekt.

Haben Sie schon einmal auf dem zweiten Verschlußvorhang geblitzt?

Geht erste Sahne, wenn man dazu das Blendenautomatik-Programm vorwählt. Aber Sie sollten auch einmal den strobo-flash versuchen. Ergibt geradezu mystische Ergebnisse.

Sie benutzen Zoom-Objektive?

Klar, die sind bei der Firma so ausgereift, daß sie Festbrennweiten kaum nachstehen. Und diese ED-Optik ist auch lichtstark genug, um noch Krähen an einem Nachthimmel mit niedrigen ASA-Zahlen ablichten zu können.

Zieht der Autofocus-Betrieb nicht eine Menge Strom?

Ja, aber dafür gibt es jetzt einen systemtauglichen power-pack. Damit ziehe ich locker hundert Filme durch.

Schon gemacht?

Nein. Aber es geht.

Hoffen wir nur, daß die Kamera nicht schon bald wieder out ist, weil die Fotografie digitalisiert wird.

Glaube ich nicht. Dafür reichen die Pixel-Zahlen einfach nicht aus. Das klappt vielleicht bei den Funkbildern für die Tageszeitungen. Da kommt es auf Qualität nicht an. Aber sonst liegen wir mit unserer Ausrüstung noch jahrelang im Trend...«

Mann und Sprache

»Ich hätt' gern Fenster in meiner Seele«,
sagte ich, »damit Du sehen könntest,
was ich fühle ....«

Unbekannt

Die herrschende Sprache ist die Sprache der Männer. In ihr wird deutlich, was die Norm, der Standard, das Übliche ist. Der Politiker, der Milchmann, der Ratsherr, der Gesetzgeber, der Bürgermeister, der Ehrenmann und der Eismann – sie alle sind Männer. Auch bei Schiller werden in seiner Ode an die Freude alle Menschen Brüder. Wo, frage ich mich, sind die Schwestern? Zur Mannschaft gibt es kein weibliches Gegenstück. Nur der kluge Mann baut vor. Warum nicht auch die Frau? Bei Dienstjubiläen werden Lehrerinnen als Schulmeister geehrt. Sehr geehrte Frau Professor lautet eine oftmals gehörte bzw. gelesene Anrede. Ob der Manager eine Frau ist oder ein Mann, erweist sich erst bei einer Gegenüberstellung, oder wenn man den Vornamen erfährt. Wer hat seinen Lippenstift liegengelassen?, klingt, ohne darüber nachzudenken, durchweg normal. Bei genauerem Hinsehen indessen entlarvt das Possessiv-Pronomen »seinen« die ganze grammatikalische bzw. sprachliche Einseitigkeit. Es müßte demnach heißen: Wer hat *ihren* Lippenstift liegengelassen?

Der Hausherr ist nicht nur juristisch betrachtet etwas anderes als die Hausfrau. Und zwischen einem Herrensitz bzw. einem Herrenhaus und einem Frauenhaus läßt sich beim besten Willen auch nicht nur ansatzweise eine Gemeinsamkeit herstellen. Allgemein bekannt dürfte inzwischen sein, daß in einigen europäischen Sprachen die Begriffe Mann und Mensch identisch sind. Die Frau muß folglich ihr Menschsein erst noch unter Beweis stellen.

Selbst der kleine Mann auf der Straße – auch wenn er kein Gentleman ist – ist immerhin noch ein Mann und gehört damit per se zum privilegierten Teil der Menschheit. Und ob in Familie oder Beruf – er steht seinen Mann, nicht sie; und zwar als Mittelsmann, als Bauherr, als Amtmann, als Bischof, als Priester, Papst oder Weihnachtsmann. Allein an diesen wenigen Beispielen wird deutlich, daß sich die Sprache bis zum heutigen Tag auf der Seite des Patriarchats befindet, daß sie der Sprache der Männer dient und daß das Patriarchat über das Instrument der Sprache hinweg seine Wirklichkeit konstituiert. In jedem Fall aber spiegelt sich in ihr das klassische Oben-Unten-Verhältnis, die bekannte soziale Rangfolge zwischen Frau und Mann wider. Diese tritt auch dort zutage, wo Frauen und Mädchen Jungen oder Männern nachgeordnet werden; Tristan und Isolde, Romeo und Julia, Harold und Maude, Vater und Mutter, Bruder und Schwester, Onkel und Tante, Herr und Frau. Darin kommt zum Ausdruck, daß Frauen im wesentlichen über Männer definiert werden, wozu auch die Übernahme des männlichen Familiennamens durch die Frau gehört. Gleiches geschieht, wenn man davon spricht, sie sei die Frau von Professor Müller oder die Gattin von Dr. Schmitz. Oder hat man schon einmal in Umkehrung der Begriffe Arztfrauen oder Diplomatenfrauen, Professorinnenmänner oder Ärztinnenmänner gehört? Wohl kaum.

Aus dem Begriff »Herr« läßt sich das Adjektiv herrlich ableiten. Ein völlig gegenteiliger Sinn ergibt sich, wenn man das gleiche Wortspiel mit dem Begriff »Dame« treibt, heraus kommt »dämlich«. Die Wertungen sprechen für sich. Egal also, wie es gedreht oder gewendet wird: Eine Unzahl von sprachlichen Gepflogenheiten begünstigen und bevorteilen den Mann, bzw. verweisen die Frau auf den zweiten Platz. So auch das folgende Beispiel: Eine Lehrerin und ein Lehrer sind und bleiben zwei Lehrer.

»Und wie viele Lehrerinnen auch dazukommen, es ändert sich nichts: Auch 99 Lehrerinnen und ein Lehrer sind 100 Lehrer und nicht 100 Lehrerinnen. Frauen zählen nicht. In unserer Sprache ist ständig von potentiellen Männern die Rede, und Frauen müssen sich eingeschlossen fühlen, auch wenn es der eine oder der andere, einer nach dem anderen, einer, jeder, der nächste, er, der und sein heißt: Jeder Mensch muß seine Kreativität entwickeln können, er soll sich nach seinen Fähigkeiten ausbilden dürfen und seinen Leistungen

entsprechend aufsteigen können. Es ist immer einer dabei, der zu spät kommt. Jemand – ich weiß nicht mehr wer – hat mir das erzählt, und er hat diesen Zusammenhang angedeutet.«[1]

In der jeweils herrschenden Sprache zeigt sich, was und wer die Norm repräsentiert – nämlich Männer, und wer für die Abweichung geradestehen muß – nämlich Frauen. Senta Trömel-Plötz bezeichnet deshalb nicht zu Unrecht Sprachgewohnheiten und Wendungen als sexistisch. Ja, sie geht sogar noch weiter und spricht in diesem Zusammenhang von analogen Situationen, die gesellschaftliche Minderheiten wie Juden, Neger, Indianer oder Zigeuner zu gewärtigen haben.

Doch nicht allein Inhalt und Bedeutung einer Sprache tragen den Stempel des Männlichen, sondern auch die Modalitäten, die sprachlichen Verkehrsformen sind geschlechtsspezifisch gewichtet. Wie das? Zum einen stellen beispielsweise Frauen weitaus mehr Fragen innerhalb eines Gesprächs als Männer. Sie signalisieren mehr Aufmerksamkeit und ermutigen Männer durch anerkennende Zwischenbemerkungen, weiterzusprechen bzw. das Thema genauer auszuführen. Sie unterbrechen auch weitaus weniger, als das Männer tun. Dazu ein Beispiel.

»Dale Spender machte für ihr Buch ›Man Made Language‹ während eines Workshops über Sexismus und Erziehung, an dem 32 Frauen und fünf Männer teilnahmen, eine Tonbandaufzeichnung. Die Aufzeichnung ergab, daß die Männer etwa die Hälfte der Zeit redeten und ihren Themenvorschlägen und der Art, wie sie sie behandelt wissen wollten, Vorrang gegeben wurde. Die Frauen wollten ihre Erfahrungen mit dem Sexismus diskutieren, was sicher wichtig und vernünftig gewesen wäre, aber die Männer zogen allgemeine und abstrakte Formen vor und kontrollierten die Dynamik des Workshops. Spender beobachtete, daß es keine Feindseligkeit gab, kein Bewußtsein davon, was vor sich ging, sondern nur den Druck, die Diskussion auf männliche Erklärungsmuster des Themas zu beschränken.«[2]

1 S. Trömel-Plötz: Frauensprache – Sprache der Veränderung, Frankfurt a. M. 1982, S. 95.
2 H. Franks: Good bye Tarzan. Der endgültige Abschied vom Macho-Mann, Düsseldorf/Wien 1986, S. 226.

Faßt man die soweit aufgeführten Beispiele einmal zusammen, so dürfte unschwer ersichtlich sein, daß es nicht nur dem Inhalt nach eine männerspezifische Sprache gibt, sondern zugleich auch ein von Männern gelenktes und gesteuertes Sprechen und Reden, an dessen Zustandekommen sich allerdings Frauen unwissentlich beteiligen. Wesentliche Kennzeichen bzw. Merkmale männlichen Sprechens sind, nur um zwei weitere Beispiele zu nennen, auch die Ausgrenzung des Subjektiven, das heißt, der eigenen Person und ein Grad an Abstraktion und Unsinnlichkeit, wie er in den Mitteilungen oder Kommunikationsformen von Frauen so nicht in Erscheinung tritt. Zugegeben: Es finden ohne Zweifel auch bei Männern unterschiedliche Formen des Sprachgebrauchs Verwendung – angefangen von einer wissenschaftlichen Fachsprache, die nur Eingeweihten verständlich sein dürfte, bis hin zum dialektgefärbten Gespräch mit dem Nachbarn über den Gartenzaun hinweg. Doch all diesen Sprachgepflogenheiten gemein ist, sofern sich Männer ihrer bedienen, daß sich das Rationale, das Analytische, Abstrakte oder Theoretische immer wieder in den Vordergrund drängt. Gespräche, die Männer untereinander führen, sind bestimmt von einem hohen Maß an Entpersönlichung, die einhergeht mit ihrem bewußten oder unbewußten Bemühen, ihrer Mitteilung einen ebenso hohen Präzisierungsgrad zu verleihen. Nicht die konkrete Erzählebene ist dabei ausschlaggebend, nicht die schlichte, unverstellte oder unkontrollierte Mitteilung, sondern die urteilend-analytische. Männer fragen beispielsweise nicht wie Frauen, was bedeuten Objekt *A* und Objekt *B* für mich, sondern wie verhalten sich Objekt *A* und Objekt *B* zueinander. Doch nicht genug damit: Das abstrakte und logische Denken oder Sprechen der Männer findet darüber hinaus seinen Niederschlag in den formalen Aspekten einer Sprache – der Grammatik. Ohne diesen von Sprachwissenschaftler/innen problematisierten Sachverhalt hier ausbreiten zu wollen, berechtigt die Summierung aller bisherigen Feststellungen und Erkenntnisse zu der Aussage, daß die Muttersprache im Grunde genommen eine Vatersprache ist, weil sowohl ihre formalen als auch inhaltlichen Aspekte Männern eindeutige Vorzüge einräumen – nicht zu vergessen, *wie* sie von diesen in Szene gesetzt wird.

Ich sagte bereits, daß Gespräche von Männern sich durch ein hohes Maß an Abstraktion und Entpersönlichung auszeichnen. Gemeint ist damit, daß im Sprechen und Denken von Männern die Welt der Gefühle und Empfindungen nur nachgeordnet, wenn überhaupt, in Erscheinung tritt. Das heißt, die Abstraktion, so wichtig sie im Hinblick auf die Lösung technologischer, mathematischer, naturwissenschaftlicher und ähnlicher Probleme auch sein mag, birgt die Gefahr, die Entfremdung des Mannes von seinen Gefühlen zu fördern und seiner seelischen Verarmung Vorschub zu leisten. Frauen drücken sich hingegen sehr viel konkreter und anschaulicher aus – zumindest streben sie diese Form des Ausdrucks an. Darüber hinaus sind sie in ihrem Sprechen und Denken auch mehr auf Menschen und Erlebnisse bezogen, als dies bei Männern der Fall ist.

Die Gründe dafür mögen in der Art ihrer Erziehung liegen, die es ihnen gestattet, sich zu ihren Gefühlen zu bekennen. Sie mögen darauf zurückzuführen sein, daß der Umgang mit Kindern sie zu einem anderen abstrakten Sprechen zwingt, um verstanden zu werden. (Vielleicht erklärt dieser Umstand auch den Begriff »Muttersprache«.) Sie mögen schließlich in ihrer größeren emotionalen Ausdrucksfähigkeit angelegt sein. Insgesamt gesehen, ist das Denken und Sprechen der Frauen also ganzheitlicher, mehr von Gefühlen und Intuitionen oder von auf das Subjekt bezogenen Inhalten gekennzeichnet.

Die Spaltung von Sprache/Denken und Gefühl infolge der beschriebenen Entpersönlichung und Abstraktion deutet also auf eine typisch männliche Charakteristik hin und dürfte bei diesen weiter verbreitet sein als gemeinhin bekannt ist. Da sich Männer dieses Phänomens zumeist nicht bewußt sind, kann kaum damit gerechnet werden, daß hier sobald irgendwelche Korrekturen, ein irgendwie geartetes Umdenken erfolgen. Ich muß allerdings gestehen, daß auch mir erst bei der Ausarbeitung dieses Textes die volle Tragweite maskulinen Sprachverhaltens bewußt wurde.

Gewiß, ich will nicht so weit gehen, dem Mann generell und in jeder Situation eine solche Spaltung zu unterstellen. Zweifellos existieren jeweils unterschiedliche Grade ihrer Ausprägung, unterschiedliche Ebenen, auf denen diese Erscheinung einmal mehr und einmal weniger zutage tritt. Ihre unterschiedliche Abstufung und Intensität ändert indessen nichts daran, daß von Frauen zu Recht, wie ich meine, immer wieder moniert bzw. hervorgehoben wird, sie könnten sich ihren Männern nicht verständlich machen.

Dabei möchte ich trotz meiner Kritik an den negativen, besonders die Beziehung zwischen Frau und Mann belastenden Merkmalen männlicher Sprache die Vorzüge nicht unerwähnt lassen, die gerade die Fähigkeit der Abstraktion mit sich bringt. Ich deutete ja bereits an, daß es ohne sie, namentlich in den Wissenschaften oder in der Forschung, keine Theorie und Hypothesenbildung gäbe. Auch wäre bei der Lösung naturwissenschaftlicher Probleme keine rationale Schrittfolge möglich, eine Analyse würde ebenso scheitern wie die Herstellung von Überschaubarkeit und Ordnung im technischen Bereich. Denn mathematische Gleichungen, physikalische Gesetze, zoologische Klassifizierungen usw. basieren alle auf dem abstrakten Denken oder Sprechen und sind von daher keine zu vernachlässigende Größe. So weit, so gut!

Zur Achillesferse wird das Problem der Abstraktion und Entpersönlichung primär dort, wo eine mehr weiblich orientierte Art und Weise der Kommunikation erforderlich wird – in der Liebe, der Ehe, der Verbindung zwischen Frau und Mann oder aber auch im Hinblick auf authentischeres, ganzheitlicheres Erleben des Mannes. Ein Beispiel: Wo eine Blume blüht, ein Kind lächelt, eine Frau die Hand eines Mannes ergreift, dort ist die überbordende männliche Rationalität fehl am Platze, dort sollte der analysierende, sezierende Intellekt des Mannes schweigen. Er tut es aber oftmals nicht. Denn selbst in Augenblicken, wo ein Stillhalten, eine schlichte Anmerkung oder Frage notwendig wäre, ziehen es Männer noch vor, zu diskutieren, zu erläutern, zu erklären oder zu begründen und führen sich auf wie Oberlehrer im Kreise ihrer Schüler.

Sie verharren auch dort noch in der Scheinwelt ihrer Deutungsmuster, ihrer Theoriebildungen bzw. suchen nicht den schlichten Ausdruck, das treffende Wort, sondern stelzen gespreizt einher wie Pfaue. Erklärt sich ihre Neigung, sich von Bereichen der emotionellen Ausdrucksfähigkeit fernzuhalten, aus der Tatsache, daß ihnen diese Art Kommunikation zu schlicht, zu dürftig oder minderwertig erscheint oder daraus, daß sie sie arbeitsteilig eher der Frau überlassen? Erkennen Männer nicht, falls sie sich weigern, sich weibliche Sprachformen anzueignen, daß sie stets und immer wieder in babylonische Sprachverwirrung geraten, daß ihre Sprechstile einseitig reduziert und gefühllos bleiben? Oder verspricht etwa die abstrakte, hochgestochene Sprache mehr Anerkennung und Geltung, bzw. können Männer nicht mehr anders, als sich nur in Worthülsen und Sprachschablonen ausdrücken? Es scheint, als sei das, was man heute unter dem sogenannten subjektiven Faktor, das heißt der Mitteilung über Persönliches oder Privates versteht, für Männer verpönt und anrüchig, Geschwätz oder trivialer Austausch – Weiberkram also. Frauen beklagen sich deshalb häufig, daß Männer sie nicht verstehen, daß sie alles zerreden, rational und »vernünftig« zu begründen versuchen und damit entweder den Kern einer Mitteilung nicht erfassen oder sich selber auch nicht verständlich machen können, weil ihnen schlichtweg der Zugang zu den Tiefen ihrer Person, zu ihren Gefühlen, Wünschen oder Bedürfnissen verbaut wurde bzw. sie ihn sich selbst verbaut haben. Die Chancen, sich angesichts solcher sprachlichen Gegensätze klärend, verstehend, einfühlend näherzukommen, dürften gering sein. Es ist, als ob sich Frauen und Männer in zwei grundverschiedenen sprachlichen Milieus bewegen würden, als ob sie zwei Geheimcodes sprächen, deren Entzifferung kaum gelingt. Am Ende der Versuche, nämlich sich auszutauschen und verständlich zu machen, bricht infolge allgemeiner Verwirrung nicht selten Streit aus und zwar um die Definition und Bedeutung belangloser Wörter oder darüber, doch logisch und sachlich zu bleiben. Außer der Häufung von Frustrationen und Mißverständnissen, außer der Klage »Meine Frau versteht mich nicht«, »Mein Mann versteht mich nicht«, hat sich im Verlauf der Dialoge und Streitgespräche nichts ereignet. Die angestrebte Klärung, der Versuch einer Mit-Teilung scheiterte. Oder die heilende, beziehungsstiftende und seelisch korrigierende Erfahrung im Gespräch blieb aus, konnte nicht erzielt werden. Somit stellt der primär von seiner Vernunft und Rationalität geleitete Mann häufig in Gesprächen für die Frau eine Enttäuschung dar, weil er es nicht vermag, seine Seele und sein Gemüt – um einmal diesen etwas unzeitgemäßen Begriff zu verwenden – sprechen zu lassen.

Wie aber kommt es zur Aneignung solcher Sprachgewohnheiten bei Männern? Was bewegt sie, dem abstrakten Wort, der unsinnlichen Aussage den Vorzug zu geben? Warum vermeiden sie es, dem Gefühl- und Gehaltvollen in ihrem Sprechen Ausdruck zu verleihen? Die folgenden Darlegungen, gewiß nicht repräsentativ, aber dennoch aufschlußreich für männliches Sprechen und Denken, mögen ein wenig Aufschluß darüber geben:

Von Martin Heidegger stammt der Ausspruch: »Sprache ist das Haus des Seins.« (Vergl. hierzu Martin Heidegger: Unterwegs zur Sprache, 1960) Er deutet an, daß Sprache Sein beeinflußt und daß Sprache und Sein Wechselverhältnisse eingehen, die sich im Laufe einer Lebensgeschichte beiderseitig bedingen, voneinander abhängig sind und »Sein« – sowohl als subjektives als auch als gesellschaftliches Sein – Sprache bestimmt.

Von dem Zeitpunkt an, von dem ich Sprache als gesprochene, gelesene und geschriebene Sprache in all ihrer Mannigfaltigkeit wahrnahm bzw. anfing, über sie nachzudenken – etwa mit meinem 18. Lebensjahr –, gewann sie für mich eine ganz besondere Bedeutung, ja sie wurde, ein wenig pathetisch gesprochen, insbesondere in Form von Literatur ein kleines Stück Schicksal. Sie ist heute, als Schriftsprache, wenn nicht ganz, so doch zum Teil das, was Christa Wolf von sich zu ihrem Verhältnis zu Büchern sagt: »Denn ich, ohne Bücher, bin nicht ich« (Christa Wolf: Lesen und Schreiben, 1980, S. 23). Die Ausgangsbedingungen für das Erleben und Erfahren von Sprache waren, dank meiner Herkunft, recht günstig. Immerhin war mein Vater Bibliothekar und liebte seinen Beruf bzw. die Literatur und alles, was dazugehörte. Offenbar war es ihm lange Zeit nicht geglückt, mir diese Liebe anzutragen. Vermutlich verweigerte ich mich seinen Interessen und Neigungen bzw. ließ seine Werbungen und Lockungen ins Leere laufen.

Insgesamt überwogen in meiner Herkunft und Erziehung Elemente des Kleinbürgertums mit all seinen Gewißheiten und Gewohnheiten – mit stark religiös ausgeprägten Anteilen, deren Ambivalenz sowohl förderlich als auch hinderlich für meine Entwicklung war. Lange Zeit versuchte ich in meiner pubertären Exzentrik und dem Versuch, radikal anders sein zu wollen, Bereiche des Milieus, aus dem ich kam, zu leugnen und zu ignorieren – und zwar solche, die meinem Wunsch nach »Einmaligkeit« im Wege zu stehen schienen. Ich hatte, wie viele Jugendliche diesen Alters, jene Rosinen im Kopf, die sich auf den Märkten des Lebens nur sehr schwer absetzen lassen. Genaugenommen, wuchs ich dreisprachig auf. Meine Großmutter, die Teil der Familie war, stammte aus Bayern. Dieser Tatbestand war unverkennbar. Aus jenen Tagen sind mir noch eine Reihe bayrischer Spruchweisheiten, Bauernregeln und Anekdoten geläufig.

Die Heimat meiner Eltern war N. Von ihnen übernahm ich zunächst meinen Dialekt. Mundart wurde in unserer Familie zu allen möglichen Anlässen und mindestens zu gleichen Teilen gesprochen wie Hochdeutsch, was ich, aus heutiger Sicht betrachtet, als einen großen Gewinn ansehe. Daß das Plattdeutsch dieser Region, das im Laufe meiner Identitätsfindung für mich eine wesentliche Rolle spielte, auch etwas Verpöntes oder sozial Minderwertiges sein konnte – und zwar aus der Sicht »exklusiverer« gesellschaftlicher Kreise betrachtet als jenen, denen ich entstammte, wurde mir erst klar, als ich anfing, aus dem Schutz meiner familialen Umwelt und dem meiner Freunde und Spielkameraden herauszutreten und andere als die bisherigen Bekanntschaften zu machen. Bis zu diesem Zeitpunkt gab es für mich keine Zweisprachigkeit, die das Merkmal einer gesellschaftlichen Hierarchie bedeutete.

Auch sehr viel später erst lernte ich, im Zuge der Beschäftigung mit sprachsoziologischen und -psychologischen Forschungen, zu begreifen, daß Dialektformen vielfach mit unzureichenden Wohnverhältnissen, mit großer Kinderzahl, mit geringem beruflichen Status und Einkommen des Vaters, Berufstätigkeit der Mutter mit schlechten Schulleistungen, autoritärem Erziehungsverhalten und wenig entwikkeltem Bildungsniveau etc. einhergehen.

Obgleich diese Zuschreibungen so gut wie gar nicht auf meine Herkunft und unser Milieu zutrafen, verfehlte der Gegensatz Hochdeutsch – Dialekt dennoch nicht seine vertrackte Wirkung. Als erstes begannen meine Lehrer, mit mir die korrekte Aussprache von Konsonanten und Vokalen zu üben. SCH, CH und L wurden gegen den Strich meiner dialektgefärbten Hochsprache gebürstet – erfolglos, wie ich meine. Man klopfte Reime, Gedichte, kleine Vorträge, Theaterdarbietungen im Rahmen der Pfarrgemeinde und des Schullebens weniger auf Vollständigkeit, Versmaß oder Betonung ab, sondern darauf, ob ich die Spannung und Dramatik eines Satzes nicht durch unvorhergesehenes Abrutschen in den Dialekt ins Lächerliche zog.

Aber all diese Erlebnisse und Erinnerungen waren vergleichsweise harmlos und heiter bzw. Anlaß zu zahlreichen Belustigungen. Ein erster bewußt erlebter Bruch und Riß in der bis dahin leidlich intakten Fassade meiner Sprachgewohnheiten ereignete sich, als ich, nach einigen unverbindlichen »Jugendlieben«, eine Freundin kennenlernte, deren Familie in meinen Augen dem Groß- oder Bildungsbürgertum zuzuordnen war. Ohne ihr Zuhause hier näher kennzeichnen zu wollen, war sie als Abiturientin damals intellektuell weiter vorangeschritten als ich, und, was geradezu typisch für jene schwärmerische Altersstufe sein dürfte, von enorm »Hohem«, das heißt von den Tugenden des Wahren, Schönen und Guten beseelt.

In besonderer Weise fühlte sie sich der Literatur zugetan. Sie jonglierte mit Namen von Schriftstellern der Gegenwart und Vergangenheit wie Clowns im Zirkus mit Bällen. Diese Namen fielen für mich wie heißes Wachs auf ungeschützte Haut, sie fielen vielfach nicht ihrer inhaltlichen Aussage wegen, nicht um ihrer selbst willen, sondern um Unterschiede deutlich zu machen, Grenzen zu ziehen, Terrain abzustecken – sowie Hunde an Bäume pinkeln oder Bären sich an ihnen kratzen. Angesichts der Tatsache, daß ich gerade in jener Zeit mächtig mit den Wehen der Pubertät rang und weit davon entfernt war, festen Boden unter den Füßen zu wissen, beeindruckten mich diese Namen mehr, als ich wahrhaben wollte.

Ich hatte weder ihnen noch der damit verbundenen »Aura von Wissen und Kenntnis« etwas entgegenzusetzen. Meine Unsicherheit in Augenblicken, wo die Rede von jenen Mandarins des Geistes war, erschien mir grenzenlos. Ich schrumpfte innerlich und schwieg aus der Angst heraus, mich durch irgendwelche trivialen Bemerkungen, durch unqualifiziertes Dahergerede lächerlich zu machen oder als Tölpel dazustehen. Aus Autoschlosser und sicherlich zum Leidwesen meiner Familie war ich auf »literarische Kostbarkeiten und Kleinodien« wie Schundromane und Groschenhefte abonniert. Meine Welt war die meines Motorrollers, die Welt unserer kleinen Vorstadtband bzw. meine Lehre, die sich dreckig und öde dahinzog. Das Zusammensein mit der Familie dieser Freundin zum »Sonntagsnachmittagvieruhrkaffeetrinken« geriet demzufolge nicht selten zu einer mittleren

Tragödie, zu einem Wechselbad aus Ablehnung und kühler Distanz aufgrund meiner Sprache und fossilen Bildung – so jedenfalls interpretierte ich es – bzw. Heiterkeit, dank meiner folkloristischen Originalität. Ich war ein Exot aus ihrem Zoo.

Ich litt unter der Situation mehr, als ich mir einzugestehen wagte. Der Stachel der Minderwertigkeit, des Unzulänglichen saß tief in meinem Fleisch und schürte die Angst, nicht zu genügen, ihren Standards nicht zu entsprechen, gewaltig. Ich haßte mich für das, was ich nicht war und nicht konnte und was ihr offenbar mühelos zufiel.

Eine weitere, durch Dialekt und Hochsprache bedingte Krise bahnte sich zu Beginn meines Studiums an.

Dazwischen allerdings lagen Jahre des Globetrotterdaseins, Jahre der Abwesenheit von Zuhause. Ich hatte Erfahrungen sammeln können, von denen ich wußte, daß sie bedeutsam für mich waren. Ich glaubte, mich ein Stück weit von mir selbst rehabilitiert zu haben. Doch es reichte offenbar noch nicht. Exemplarisch dafür war die Ouvertüre im Rahmen meines Fachabiturs.

Nach Beendigung meiner mündlichen Prüfung im Fach Deutsch wies mich der vorsitzende Prüfer darauf hin, daß gegen meine erbrachten Leistungen nichts einzuwenden sei – sie waren in der Tat zufriedenstellend. Bedenken hingegen äußerte er im Hinblick auf die Tatsache, daß jeder Unterricht Sprachunterricht sei und mein »stark ortsansässig eingefärbter Dialekt« dem wohl entgegenstehen würde.

Da er mir aber aufgrund dessen nicht das Ergebnis der Prüfung verweigern konnte, machte er mir zur Auflage, Sprechunterricht zu nehmen. Da ich damals noch eine geradezu pathologische Hochachtung gegenüber allem hatte, was sich als Wissenschaft auswies, begann ich mich im Rückwärtsgang aus der vermeintlichen Einbahnstraße und Sackgasse meines Dialektes und meines zersausten Hochdeutsches herauszumanövrieren. Dabei rammte ich manchen Pfahl, und manche Beule zierte die Karosserie meiner vormaligen Identität.

Die Hochsprache und der noch höhere Wissenschaftsjargon wurden mir nach und nach zum goldenen Schwein, um das ich wie ein Derwisch in Trance herumtanzte. Je unsinniger eine Aussage und Mitteilung geriet, d. h. je unkonkreter und unanschaulicher, um so mehr wuchs meine Hochachtung. Verstand ich überhaupt nichts

mehr, so glaubte ich, dies müsse der Stein des Weisen sein, dabei war
es nur der Stein des Anstoßes. Ich begann mich anzupassen und wurde
zum gelehrigen Schüler. Ich zelebrierte die Form, die zur eigentlichen
Botschaft und Aussage gerann, der Sinn und Inhalt bedenkenlos
geopfert werden konnten.

»The medium is the message!« (McLuhan) war die Losung dieser
Tage. Es gab keine Spontanität im Ausdruck mehr. Alle Sätze wurden
dahingehend kontrolliert, inwieweit sie dem höchsten Grad der
Abstraktion gerecht wurden. Gestörte Beziehungen zur Wirklichkeit
und erst recht deren Einbuße verraten sich in einer kranken Sprache.
Die Symptome dafür sind vielfältig. Wenn in einer Sprache das
abstrackte Wort das anschauliche verdrängt, wenn Hauptwörter an
die Stelle von Tätigkeitswörtern treten, wenn die Sprache immer
formelhafter und mechanischer wird, dann beginnt sie zu erstarren,
der Ausdruck wird blaß und verschwommen, der Erfahrungsverlust
nimmt zu.

Aber nicht nur meine hochschulinterne Sprache verkam zur reinen
»Wortferkelei«, wie sich einmal treffend ein von diesen Kapriolen
unbeeindruckt gebliebener Freund ausdrückte. Mit meiner öffentli-
chen Sprache verfuhr ich ebenso. Aus den Minderwertigkeitskomple-
xen, über wenig repräsentationsträchtige Sprachgepflogenheiten und
Kenntnisse zu verfügen, erwuchs ein Streben, diese Scharte im
Eilverfahren auszuwetzen. Das sozio-chinesisch der Studenten bot
sich – flugtechnisch gesprochen – wie eine Thermik an. In ihr
vermochte ich immer höher zu steigen und spiralenförmig die »sprach-
lichen Niederungen meines Milieus« zu verlassen, auf mich selbst und
meine vormalige Identität aus der Vogelperspektive herabzuschauen.
Daß es in diesen Höhen recht zugig war und ich gehörig fror, verleug-
nete ich, so gut es ging. Beängstigend war zugleich, daß die normale,
schlichte und unverstellte Verständigung zunehmend weniger klappte.
Alles, was sprachlich kommuniziert werden konnte, wurde bis zur
Unkenntlichkeit drapiert und mit rhetorischem Lametta behängt. Die
Empörung meines Vaters steigerte sich zu Recht, wie ich heute meine.
Proportional zu meinen Anstrengungen wuchs meine Labilität und
Unsicherheit. Der Drang, mich »in den Griff zu bekommen«, geriet
zur Farce. Die Angst, nicht zu genügen, nicht den rigiden Maßstäben

zu entsprechen, die ich rücksichtslos an mich selbst anlegte, trieb mich immer weiter.

Immerhin wußte ich mich in trauter Gesellschaft von Freunden, denen es ähnlich ging. Kamen wir zusammen und sprachen über Studium, Politik, Gesellschaft, so führten wir uns auf wie die Kuh auf dem Eis. Wir schlidderten vom Hochdeutsch in den Dialekt und zurück. Ein Satz wurde in makellosem Wissenschaftsjargon begonnen. Jemand lieferte ein plattdeutsches Versatzstück, ein anderer beendete ihn zweisprachig. Der Dialekt gibt für Metakommunikation nichts her. Er ist zu konkret, zu beschreibend und zu sehr mit dem Sinnlich-Faßbaren verbunden. Die Hochsprache war uns im intimen Kreis aufgrund unserer gemeinsamen Herkunft und jahrelangen Freundschaft lästig. Sie hatte sich erst später zu uns gesellt. Zudem fehlte ihr die Wärme. Mit ihr vermochten wir damals noch keine Nähe herzustellen. Sie war selbst als das »Haus des Seins« kein Zuhause. Sie erschien uns vielfach affektiert. In ihr fanden wir lange Zeit weder Intimität noch Identität. Welche verstörten Gefühle eine verstörte Sprache transportiert, möchte ich hier nicht weiter ausführen.

Nur: Eine verstörte Sprache bedeutet ein verstörtes Verhältnis zur Wirklichkeit, wie R. D. Laing und A. Esterson sagen. Diese Verstörung habe ich oft genug erfahren. Einzig, wenn ich mit ehemaligen Kameraden meiner Lehrzeit, mit Leuten der Nachbarschaft, in Kneipen oder Geschäften jemanden ansprach, fielen die komplizierten Masken und Larven, und ich spürte, wie heiter, unkompliziert, unkontrolliert, manchmal auch schmutzig – aber wie echt meine Sprache und ich sein konnten. Aller Zwang, alle Kontrolle, aller Anspruch, Sprachdunst und -qualm fiel bzw. sank zu Boden. Ich hatte mich und meine Herkunft wieder. Zugegeben: Im Laufe der Zeit gelang es mir zunehmend besser, verschiedene Rollen, verschiedene sprachliche Einstellungen und Erwartungen auszubalancieren. Dies beweist: Auf der Suche nach einem unverwechselbaren Selbst und nach Authentizität spielte Sprache für mich eine bedeutende – hinderliche, doch zugleich förderliche – Rolle. Über ihre integrierende und desintegrierende Funktion bin ich mir heute mehr denn je bewußt. Ich weiß, daß Sprache, die nicht tätig angewendet wird, nicht Leben und Gefühl lehrt, abstrakt und hohl wird. Sie verkommt zur Schablone, zum Fetisch, zum Kultgegenstand. Rhetorik und Realität

entfernen sich immer weiter voneinander und die Sprecher werden zu
Opfern ihres eigenen Dünkels.

Die Kehrseite der geschilderten Neigung zu abstrahierendem, abgehobenem Sprechen, die Kehrseite der an früherer Stelle beschriebenen männlichen Dominanz und Entpersönlichung im Zuge ihrer sprachlichen Kommunikation ist das demonstrative Schweigen der Männer, ihr Unvermögen und ihre Sprachlosigkeit, sobald es darum geht, Mitteilungen über ihre Gefühle und ihr Befinden zu machen. Kurz vorher noch beredt und engagiert, verfallen sie oftmals unvermittelt in einen Zustand der Hilflosigkeit und Begriffsstutzigkeit, sie ringen nach Worten – wenn überhaupt noch – oder ziehen sich in dumpfes Schweigen zurück.

Wie sich so etwas aus der Sicht der Frau gesehen darstellt, schildert Helen Franks. Hier drückt eine Frau – stellvertretend für viele andere – aus, was sie unter dem Dilemma männlichen Schweigens versteht.

»Wenn ich versuche, über meine oder seine Gefühle zu sprechen, verstummt er. Ehemänner, die Ich liebe Dich sagen konnten, teilten hinsichtlich der Gefühle, die hinter diesen drei Worten stecken, kaum etwas mit. Männer konnten keine Bedürfnisse und Wünsche äußern, sie konnten nicht reagieren, wenn emotionale Anforderungen an sie gestellt wurden, sie wußten nicht, wie man tröstet oder sich trösten läßt, sie waren teilnahmslos, hatten Angst vor Nähe. Der einzige emotionale Aspekt, auf den sie sich verließen, war Verdrießlichkeit. Sie konnten ohne Hemmungen nörgeln, mißgelaunt oder unzufrieden sein.«[3]

Der ausdrucksarme, in Gefühlsdingen verschwiegene Mann dürfte, ohne zu übertreiben, in unserer Gesellschaft die Norm sein. Dabei bedarf es kaum einer weitschweifenden Phantasie, sich vorzustellen, wie wichtig und entscheidend es zum Wohle der psychischen Stabilität ist, ausdrucksfähig und sprachlich kommunikativ zu sein. Doch anstatt diese unterentwickelte Seite ihres Mannseins zu entfalten und sich ein Gegengewicht zu der ausufernden Rationalität zu verschaffen, arbeiten Männer an ihrer Unerschütterlich-

---

3 H. Franks: Good bye Tarzan. Der endgültige Abschied vom Macho-Mann, Düsseldorf/Wien 1986, S. 108.

keit und an ihrer Stärkefassade, was in letzter Konsequenz leicht dazu führt, daß Frauen nach endlosen und wenig aussichtsreichen Bemühungen ihre kommmunikativen Bedürfnisse mit Männern entweder zurückschrauben oder sie in Gesprächen mit anderen Frauen befriedigen.

Ein um das andere Mal hören zu müssen, welche Bewandtnis es mit diesem oder jenem Posten auf der Steuerrückzahlungserklärung hat, oder daß die neue Heizung ein wartungsfreies Zirkulationssystem besitzt, das so und so funktioniert, dürfte kaum dazu angetan sein, dem Beziehungsgespräch, der kommunikativen Gestaltung und Arbeit an der Ehe oder Verbindung zum Erfolg zu verhelfen. Ich denke, der normale, schweigende Mann hat sowohl Angst, seine Gefühle preiszugeben, als auch kein Instrumentarium dafür, also keine sprachlichen Mittel und Möglichkeiten, sie zu kommunizieren.

Männer rücken einfach zu selten mit der Sprache heraus. Sie bitten nicht darum, einmal angehört zu werden, sondern flüchten sich anstelle dessen in mürrische Stimmungen, in Zorn oder Gewalt. Es nimmt von daher kaum wunder, daß das Verschweigen oder Herunterschlucken von Gefühlen reichlich zerstörerisch sein kann.[4] Freilich: Je mehr und je öfter Frauen einen schweigsamen Mann mit »Was denkst du?«, »Wie fühlst du dich?« usw. konfrontieren, um so größer ist die Gefahr, daß er sich in seine trotzige oder dumpfe Sprachlosigkeit vergräbt. Er fühlt sich ausgehorcht, vor ein Tribunal gezerrt, genötigt, etwas preiszugeben, worüber er vermutlich gar keine Aussage machen kann. Er verharrt im seelischen Eremitendasein, für dessen Zustandekommen die beiden Autorinnen Cheryl Benard und Edit Schlaffer vier Theorien anbieten.

»Theorie 1. Der Mann hat es infolge seiner frühkindlichen Sozialisation verlernt, Gefühle auszudrücken.
Theorie 2. Die Geschlechtsidentität des Mannes läßt nicht zu, daß er sich zu seinen Gefühlen bekennt. Er hat zwar das innere Bedürfnis, muß es aber abwehren.

---

4 Vergl. hierzu S. Trömel-Plötz (Hrsg.): Gewalt durch Sprache. Die Vergewaltigung von Frauen in Gesprächen, Frankfurt a. M. 1989.

Theorie 3. Der Mann baut die Kommunikationsbeziehungen in sein allgemeines Machtinstrumentarium ein. Wissen ist Macht. Wer nichts über ihn weiß, hat auch keine Macht über ihn. Wenn hingegen die Frau alles ausplappert, dann weiß er alles über sie. Dann hat er Macht, einseitig. Macht ist schöner als Intimität.

Theorie 4. Der Mann teilt seine Subjektivität nicht mit, weil er keine Subjektivität hat. Er hat keine Gefühle. Die Frage »Was denkst du jetzt« kann er nicht beantworten, weil es tatsächlich Momente gibt, in denen er überhaupt nichts denkt. Er verweigert sich gar nicht; es ist einfach nichts da.«[5]

Welcher These man(n) auch immer den Vorzug gibt – sofern sich Männer überhaupt mit ihnen identifizieren können oder wollen – grundsätzlich läßt sich sagen, daß sie bei der Mitteilung über sich selbst an einer Art Ausdrucksblockierung infolge ihrer Ausdruckskontrolle leiden.

»Der Mann kontrolliert sich, weil er denkt, vielleicht etwas Falsches sagen zu können; er hat Angst vor den Gefühlen, die dann in ihm hochsteigen; er schämt sich dieser Gefühle, er denkt, daß er dann womöglich zuviel über sich verraten könnte. Der Mann ist nicht offen, er gibt sich lieber verschlossen, gibt sich als der große Schweiger. Unter Alkoholeinfluß wird das Schweigen gelockert; der Mann könnte dann seine Innerlichkeit ausdrücken, aber statt dessen ist er zu derben Späßen aufgelegt, zieht vieles ins Ironische, versucht, sich durch lautes Lachen an seinen wirklichen Gefühlen ›vorbeizulachen‹; denn er haßt an sich selbst einen wirklichen Gefühlsdurchbruch, wenn seine Frustrationen einmal herauskommen und er seine unterdrückten Aggressionen und Ängste aufscheinen läßt oder vor Selbstmitleid zu zerfließen beginnt. Er haßt diese mögliche ›Sentimentalität‹ an sich selbst und an anderen. Er verschließt emotionalen Ausdruck in sich selbst, kapselt ihn ab und beraubt sich durch diesen selbstverordneten Ausdrucksstop der Befreiung von seinen Eindrücken.«[6]

5 Ch. Benard/E. Schlaffer: Viel erlebt und nichts begriffen. Die Frauenbewegung und die Männer, Reinbek 1985, S. 97.
6 P. Lauster: Die sieben Irrtümer der Männer, Reinbek 1989, S. 158/159.

Er vergräbt das Erlebte in sich und wendet sich den ihm vertrauten Formen nüchtern-sachlicher Überlegungen zu. Hier ist er beheimatet. Hier kennt er sich aus. Hier drohen ihm keine Niederlagen und Pannen. Doch was nicht ausgesprochen wird, was keine Mitteilung findet, das ist noch lange nicht aus der Welt. Die Gestaltpsychologen sprechen in einem solchen Fall von »unerledigten Geschäften«, die sich irgendwann einmal in angehäuften Spannungen und Frustrationen Bahn brechen. Das heißt, die weggedrängten, unbesprochenen Gefühle treten unvermittelt zutage und ergießen sich dabei nicht selten in zerstörerischer, gewalttätiger oder doch zumindest verletzender Form über die Ehepartnerin, über die Lebensgefährtin, über Kinder usw.

Die Zurückhaltung der Ausdrucksmöglichkeiten also kommt einer seelischen Kastration gleich – und zwar sowohl für den Mann selbst als auch für seine Gesprächspartnerin. Diese hofft vergeblich auf ein positives, Verständnis, Einsicht und Interesse signalisierendes Wort. Sie wartet auf eine Mitteilung, die Einblick in das Innere des Mannes gewährt. Sie wünscht sich, daß er sich nicht schon wieder in Allgemeinplätzen und abstrakten Denkleistungen, in Spitzfindigkeiten oder Wortklauberei ergeht und schon gar nicht die Vorzüge einer CD-Wiedergabe von Tina Turner im Vergleich zu herkömmlichen Aufnahmen zum Thema macht.

Damit Männer, die dem Problem der Sprachlosigkeit gegenüber aufgeschlossen sind, lernen, ein klärendes, besonnenes Gespräch zu führen, sollten allerdings einige Bedingungen und Voraussetzungen bedacht werden. So zum Beispiel Angstfreiheit, Vertrauen, Muße, Geduld und Heiterkeit. Gewiß, diese Kriterien fruchten nicht, wenn der Streit zwischen Mann und Frau erst einmal entbrannt oder das Schweigen absolut geworden ist. Wer sähe sich da noch in der Lage, Vertrauen aufzubringen? Wer besäße die Größe zur Heiterkeit, wenn erst einmal die Wogen hoch schlagen oder mit harten Bandagen gekämpft wird? Nein, die genannten Bedingungen gelten allein als Maßnahme der Vorbeugung, um es nicht zu dem »point of no return«, zu dem berüchtigten »Ende der Fahnenstange« kommen zu lassen. Denn je angstfreier eine Mitteilung erfolgt – selbst wenn sie noch so hilflos und unfertig sein sollte –, um so eher sind die Gesprächspartner, sind Frau und Mann in der

Lage, ihr eigentliches Anliegen vorzubringen. Angst blockiert erfahrungsgemäß. Sie legt die Seele lahm und verhindert das Aufkommen von wohlwollenden Gefühlen.

Ganz ähnlich verhält es sich auch mit dem Vertrauen. Soll ein Mensch – hier spreche ich primär den Mann an – den Mut finden, aus sich herauszugehen, so muß er entweder ein Stück Vertrauen zu sich selbst haben oder aber zu diesem Vertrauen ermutigt werden. Eine solche Ermutigung könnte von seiten der Frau kommen. Doch darf sie nicht die einzige sein, die Hilfestellung gibt. Wenn sich der Mann »ein Herz« faßt und sich öffnet, wenn er die wohltuende Erfahrung einer echten Mitteilung macht, wird sich bei ihm unter Umständen das Gefühl der Geborgenheit einstellen. Aus dieser heraus bedarf es auch nicht länger mehr des Schutzes und der offensiven Verteidigung. Er kann sich der inneren Befreiung und Entspannung hingeben, die Nähe zu sich und anderen spüren. Dadurch wird manches, was ihm vormals als mühsam erschien, leichter. Diese Leichtigkeit mündet im günstigen Fall in eine Stimmung der Heiterkeit, die die Last, der er sich sonst ausgesetzt fühlt, verringert.

Voraussetzung all der hier in Kürze angedeuteten Möglichkeiten aber sind Muße und Geduld. Mechanische und technische Verrichtungen können, ohne Schaden zu nehmen, beschleunigt werden. Das Durchtreten eines Gaspedals beim Auto erzielt im Bruchteil von Sekunden in der Tat den gewünschten Effekt. Für Gespräche oder Mitteilungen ist es mehr als schädlich, ein Pensum in möglichst kurzerZeit erledigen zu wollen. Von sich und über sich zu sprechen oder in sich hineinzuhorchen bedarf also der Geduld. Der produktive Augenblick, in dem endlich ausgesprochen wird, was lange zurückgehalten wurde, kann nicht erzwungen werden. Hier muß man warten können. Dann erst wird eine Mitteilung lebendig bzw. bietet die Chance, daß sich Einklang und Übereinstimmung einfinden, ohne zu überreden, zu übertölpeln oder gar in Kampf und Streit zu flüchten. Recht zu behalten, sich um jeden Preis zu behaupten, Sieg und Niederlage sind Ausdruck egoistischen Denkens und Sprechens. Sie führen nur zu Verletzungen und zu Kränkungen.

Wenn sich Männer diese Voraussetzungen zu eigen machen könnten, so eröffnete sich ihnen damit ein Weg, ihre geschlechtsspezifische, maskuline Art des Denkens und Sprechens ein Stück weit abzubauen und einer vielseitigeren, reichhaltigeren oder befriedigenderen Kommunikation Platz zu machen.

Mann und Spiritualität

»Solange du nicht hast dieses Stirb und Werde
bist du nur ein trüber Gast auf der dunklen Erde.«[*]

Johann Wolfgang von Goethe

Viele Menschen in unserer Kultur haben erst das Gefühl, lebendig zu sein, wenn sie sich unwohl fühlen oder leiden. Diese sinngemäß wiedergegebenen Worte des anglo-amerikanischen Schriftstellers Alan Watts bergen eine tiefe Wahrheit, wie sie insbesondere bei Männern immer wieder beobachtet werden kann – obgleich die »Lust«, der luzide »Genuß« am Leiden und daran, unzulänglich, unfertig, ungeliebt, unbeachtet zu sein, Frauen ebenfalls nicht fremd sein dürfte. Dennoch scheinen Männer dahingehend über die größeren Fertigkeiten und Qualifikationen zu verfügen, nämlich ihr Unglücklichsein zu gestalten, ihre Lebensirrtümer stets aufs neue vorzubereiten und sie in die Tat umzusetzen. Sie scheinen auch hier einen ausgeprägteren Ehrgeiz bzw. Anspruch zu haben, der sie befähigt, diesen mit einem erstaunlichen Maß an Gründlichkeit und Hartnäckigkeit einzulösen.

Ein Beweis dafür scheint mir zu sein, daß das Interesse von Männern an der Erkundung ihrer selbst, an Wachstum und Reifung, an therapeutischen Maßnahmen, an ganzheitsphilosophischen Angeboten und Veranstaltungen weitaus geringer ist als bei Frauen. Frauen besitzen offenkundig mehr Sensibilität als auch eine stärkere Motivation, was die Beschäftigung mit dem eigenen Sosein, das eigene Kennenlernen anbetrifft – und zwar nicht in einem funktionalen und instrumentellen Sinne oder zu Zwecken der besseren Handhabbarkeit von Krisen und Konfliktsituationen, wie es ja inzwischen auch Managern und Personalchefs nahegebracht

[*] Aus: Großes deutsches Gedichtbuch. Hrsg. von Karl Otto Conradi, Regensburg 1977, S. 268.

wird, sondern aus dem Impuls eines sorgsameren Umgangs mit ihrem Leben und ihrer Wirklichkeit heraus.

Insgesamt sind Frauen also wachstumsorientierter und -erfahrener. Freilich: Kein Drang nach Erkenntnis und Einsicht um ihrer selbst willen belebt oder qualifiziert das Dasein, wenn beides nicht – wie schon einmal zur Sprache gebracht – eingebettet wird in größere, über die Person und ihr Anliegen hinausweisende Zusammenhänge. Wenn demnach hier von Mann und Spiritualität die Rede ist und ich Spiritualität in Teilaspekten zumindest gleichbedeutend mit Wachstum, Reifung, Veränderung oder Wandlung verwende, so verbirgt sich dahinter keine jener neumodischen Psychologismen, keine in Begriffen aufgeblähte Scharlatanerie, wie sie zum Teil aus den Bauchläden gegenwärtiger Heilslehren und -erwartungen angeboten werden. Worum es geht, ist die Beschreibung von Spiritualität im Sinne eines emotional-meditativen Verständnisses und ihre Darstellung als ein Weg für Männer, die beschlossen haben, ihrer maskulin-verkrusteten Lebenswelt den Rücken zu kehren. Was heißt das?

Zunächst einmal entspricht der Mann, der sich auf den spirituellen Weg einläßt, kaum dem von mir bislang so dargestellten »Kollektiv-Mann«. Im Gegenteil: Bereits in der Verneinung und Zurückweisung dessen, was ich als typisch männlich versucht habe nachzuweisen, wird schon ein Stück des neuen bzw. spirituellen Mannes deutlich. Denn dieser spirituelle Mann ist nicht Beherrscher seiner Welt und Lebenswirklichkeit. Er ist keiner, der sich allein gegenüber dem Quantifizierenden, Planenden, Meßbaren oder Machbaren verpflichtet fühlt oder Geltung, Prestige, Status, krankhaften Ehrgeiz auf seine Fahnen geschrieben hat. Sondern er ist ein Mann, der sowohl die Auswüchse einer alles beherrschenden und niederdrückenden Technokratie als auch die Beschädigungen und Verfremdungen durch diese zurückweist. Er strebt, um es einmal sehr allgemein auszudrücken, die Harmonie zwischen innen und außen, Seele und Lebenswelt, zwischen individuellem Mikro- und gesellschaftlichem Makrokosmos an – und das in einer Weise, die ihn zu den Wurzeln echten Erlebens zurückzuführen vermag. Um diesen gewiß nicht einfachen Weg zu beschreiten, muß der Mann auch hier – ähnlich wie bei der Kultivierung seiner Gefühle – zuerst und vor allem einmal still werden und den Dingen einen Moment lang ihren Lauf lassen. Das heißt, der Mann sollte seinen Ehrgeiz, sein Streben und Vorwärtsdrängen wenn auch nur für Augenblicke ablegen, um aus dem Strom des Alltags herauszutreten, um eine tiefere Sensibilität für sich und die Wirklichkeit um ihn herum zu entwickeln. Denn Männer, die sich in Anbetracht ihrer Herkunft, ihres Wozu, Warum und Wohin nicht mehr in Gedanken und Fragen verlieren können, die also auf der Rolle ihrer Alltagsprobleme wie eine Ratte in der Tretmühle voranstürmen, sind zwar klinisch gesehen mitunter noch sehr lebendig, doch, fürchte ich, seelisch bereits weitgehend abgestorben, sie wissen es oftmals nur noch nicht.

Einzig der für mehr als nur einen geringen Teil der Wirklichkeit offene Mann, der sich nicht seelisch oder körperlich den Horizont durch Teilinteressen und -ambitionen verbaut, der nicht im Gedränge, im Geschiebe, im Lärm des Alltags oder des Trommelfeuers der Nachrichten und Sensationen untergeht, also der musische, der poetische, der gesammelt-schöpferische – den ich den spirituellen Mann nenne – findet zu einer Harmonie, die über die übliche tragische Zerrissenheit hinausgreift. Denn in jedem Menschen, in jedem Mann lebt, versteckt und maskiert eine Vision, eine Utopie und Sehnsucht, die nach Erkenntnis, nach Erfüllung, nach Verwirklichung von etwas Höherem drängt – also ein grenzüberschreitender Impuls, der im übrigen ein Grundzug menschlichen bzw. männlichen Seins ist. Leider gewährt der Mann diesem wenig Raum und Möglichkeit zur Entfaltung, weil er in seinen Wertskalen technische, ökonomische, Beruf und Freizeitaktivitäten betreffende Belange an oberste Stelle setzt und anderen Werten, zum Beispiel der Natur, dem Lebendigen, auch dem Lebendigen in sich selbst, geringe Bedeutung beimißt. Der verwendete Begriff »Spiritualität« hat, wie deutlich wird, also nichts mit Spiritismus, mit privatistischer Erlösungssehnsucht oder Okkultismus zu tun, wiewohl der gleichklingende Wortstamm auf eine solche Nähe und Verbindung schließen lassen könnte.

Spiritualität in dem hier gemeinten Sinne ist auch kein Religionsersatz, sondern sollte als eine Lebensphilosophie, als eine Anschauung und Auffassung von Welt und Mensch verstanden wer-

den, die sich keinem System, keiner Dogmatik und Regelhaftigkeit
verpflichtet fühlt, sondern die Elemente des Transzendentalen,
besser noch des Transpersonalen aufweist oder Elemente, die über
die eigene Befindlichkeit, Situation und Lebensform hier und jetzt
hinausdrängen. Im Verständnis des Mitbegründers der sogenannten humanistischen Psychologie, Abraham H. Maslow, lautet dies
so:

> *»Ohne das Transzendente und Transpersonale werden wir krank,
> gewalttätig, nihilistisch oder sogar hoffnunglos und apathisch. Wir
> brauchen etwas Größeres, als wir es selbst sind, um Ehrfurcht davor
> zu empfinden und uns in einer neuen, naturalistischen, empirischen,
> nichtkirchlichen Weise zu engagieren, vielleicht wie es Thoreau und
> Whitman, Williams James und John Dewey getan haben.«*[1]

Mit anderen Worten: In die Spiritualität münden Strebungen,
Zielvorstellungen, Erwartungen und Handlungen ein, die nicht al-
lein mit den Grundbedürfnissen des Alltags verknüpft sind, also
mit materieller Versorgung, Sicherung und Nahrung oder auf Be-
sitz, auf Konkurrenz und Kampf abzielen, sondern die freiwillige
Einfachheit, süarsame Schönheit, poetischen Reichtum, geistigen
Frieden, Toleranz und Verständnis im Hinblick auf die Mitmen-
schen und die Natur fördern. Gerade übermäßiges Streben nach
Besitz und Eigentum steht im Gegensatz zum spirituellen Weg.
Denn wie sagte Arthur Schopenhauer:

> *»Der normale Mensch ist hinsichtlich des Genusses seines Lebens
> auf Dinge angewiesen, auf den Besitz, den Rang, auf Weib und
> Kinder, Freunde, Gesellschaft usw. auf diese stützt sich sein Lebens-
> glück; darum fällt es dahin, wenn er sie verliert oder er sich in ihnen
> getäuscht sah. Dies Verhältnis auszudrücken, können wir sagen, daß
> sein Schwerpunkt außer ihm fällt. Eben deshalb hat er auch stets
> wechselnde Wünsche und Grillen: Er wird, wenn seine Mittel es
> erlauben, bald Landhäuser, bald Pferde kaufen, bald Feste geben,
> bald Reisen machen, überhaupt aber großen Luxus treiben, weil er
> eben in Dingen aller Art ein Genüge von außen sucht – wie der
> Entkräftetste aus Consommés und Apothekerdrogen die Gesundheit*

---

1 A. H. Maslow: Psychologie des Seins. Ein Entwurf, München 1973,
S. 12.

und Stärke zu erlangen hofft, deren wahre Quelle die eigene Lebens-
kraft ist.«²

Reichtum und übermäßiger Besitz haben – entgegen gängigen Annahmen – demnach wenig mit Glück und Zufriedenheit im Leben zu tun. Schon bei genauerem Hinsehen fällt auf, daß beide insofern korrumpieren, als sich zu ihnen stets die Notwendigkeit gesellt, den einmal erreichten Besitzstand zu sichern und zu mehren. Denn jemand, der über Reichtum verfügt, ist erfahrungsgemäß selten zufrieden mit dem, was er hat. Er lebt aus der Angst heraus, die satten Bequemlichkeiten oder die Anerkennung, die er sich durch ihn von außen erhofft und die ihm unter Umständen Macht und Einfluß vermitteln, zu verlieren.

Tatsache jedoch ist, daß man(n) nur genießen kann, was man(n) wieder loszulassen oder aufzugeben vermag. Deshalb kann derjenige, der Sklave seines Reichtums und Luxus ist, oft nicht genießen. Er ist schlichtweg nicht frei dafür, sondern führt ein Leben als Gefangener seiner selbst, als Geisel seines Eigentums. Wer sich folglich allzusehr auf übermäßigen Besitz einläßt, der sollte sich im klaren darüber sein, daß er einem eifersüchtigen Liebhaber gleicht, der die Untreue seiner Geliebten bei jeder kleinsten eigenständigen Regung fürchtet. Allein Glück und Freiheit sind die Voraussetzung für den wahren Genuß, sowohl in der Liebe als auch, was Eigentum oder Luxus angeht.

Das Glück also »gehört denen, die sich selber genügen. Denn alle äußeren Quellen des Glückes und Genusses sind ihrer Natur nach höchst unsicher, mißlich, vergänglich und dem Zufall unterworfen, dürften daher selbst unter den günstigsten Umständen leicht stocken; ja, dieses ist unvermeidlich, sofern sie doch nicht stets zur Hand sein können.«³

Aber auch die Beherrschung des anderen, die Gewalt über Menschen, Dinge, Tiere, über Natur schlechthin können nicht Teil des spirituellen Weges, der spirituellen Auffassung sein. Im Gegenteil: Kennzeichen des spirituellen Mannes ist es, den dialogischen Aus-

2 A. Schopenhauer: Aphorismen zur Lebensweisheit, Augsburg 1983, S. 35.
3 Ebenda, S. 28.

tausch anstelle der Bevormundung und Beherrschung zu suchen, den Respekt unter den Menschen zu fördern und der Ehrfurcht vor der Natur Ausdruck zu verleihen. Selbstverständlich schließt eine solche Ethik eine vertiefte Kenntnis und ein profundes Wissen vom Umgang mit sich selbst und anderen ein.

Ich habe zu zeigen versucht, in welcher Weise Männer zu Gewalt gegenüber dem eigenen Körper, gegenüber Frauen, gegenüber der Natur usw. neigen, bzw. wie arrogant und selbstherrlich sie oftmals handeln. Ich bin der Auffassung, daß diese Haltung in zahllosen Fällen nicht auf Bösartigkeit beruht, sondern überwiegend aus Unwissenheit, Unkenntnis oder aus Entfremdung erwächst, weil Männer sich in den tausendfach vorgezeichneten maskulinen Spuren bewegen, weil sie aus den Systemen ihres Männer- und Unterdrückerlebens nie herausgetreten sind, kaum je den Versuch wagten, sich und ihr Handeln prinzipiell zu überdenken und in Frage zu stellen. So zu leben und zu agieren war und ist stets Teil ihrer Gewohnheit, ihrer Normalität, eines geradezu instinktiv festgelegten und determinierten Verhaltens, Teil einer hervorragend funktionierenden Fremdbestimmung, Manipulation und Außensteuerung. Eine wahrhaft spirituelle Haltung drückt sich darin allerdings nicht aus, da diese – ganz im Gegensatz dazu – auf Offenheit, Aufklärung und Wandlungsfähigkeit etc. angelegt ist.

Daraus kann und soll nicht geschlossen werden, daß Männer, die sich bereit erklären, Schritte in diese Richtung zu tun, grundsätzlich schon die besseren, die fähigeren Männer sind. Es wäre zugleich falsch und ungerecht, bewegten, spirituellen Männern das Etikett des Aussteigertums aus dieser gesellschaftlichen und ökonomischen Wirklichkeit anzuheften. Nein, spirituelle Männer sind keine Männer, die abseits stehen, keine, die neben der Epoche einhergehen oder die sich selbst ausgrenzen. Sie sind zwar Verweigerer der autoritären Muster und Männerwelten, haben nichts mit diesen gemein, betrachten sich auch nicht als Zeitgenossen, die es sich auf dem in den Abgrund rasenden Zug nur gut gehen lassen oder ihr narzißtisches Ego pflegen, sondern es sind Männer, die beschlossen haben, einen Teil ihrer menschlichen und männlichen Energie umzuleiten, nämlich weg von der äußeren, leider so häufig destruktiven Gestaltung der Welt, hin zu den lebensfördernden

Tiefen der Person, hin zu innerem Handeln, Wissen und Verstehen, das sich sodann in der äußeren Wirklichkeit als neues Handeln und Wissen niederschlägt. Spiritualität des Mannes heißt in diesem Sinne zugleich eine ganzheitliche Kommunion und Kommunikation sowohl mit der Welt als auch mit den Tiefenstrukturen des Innenlebens anzustreben, die Männer ja häufig genug für sich als nicht existent betrachten. Spirituelles Denken und Erleben fühlt sich aber noch einer weiteren Erscheinung der patriarchalisch gemünzten Wirklichkeit gegenüber verpflichtet.

Es ist bekannt, daß Männer als die Auguren der Macht, Wirtschaft und Technik, eingebunden in eine hochkomplexe und hochdifferenzierte Form der Arbeitsteilung, dazu neigen, zu trennen, zu teilen, zu analysieren, zu sezieren und zu zergliedern. Große Zusammenhänge und Einheiten werden zu Zwecken der Forschung und Produktion in kleinste Partikel und atomisierte Arbeitseinheiten zerlegt und damit notgedrungen ihres ganzheitlichen Charakters beraubt. Diese Art zu forschen und zu wirtschaften hat zweifellos ihre Berechtigung und bescherte der Menschheit Fortschritt und Existenzsicherung. Nur: Die Janusköpfigkeit solcher Vorgänge und Entwicklungen liegt eben darin, daß über das Detail und den Ausschnitt auch mehr und mehr die ganzheitlichen Zusammenhänge verlorengingen und die Parzellierung von Menschen im allgemeinen, von Männern im besonderen Besitz ergriff.

Das männliche Ich wurde gespalten, wurde nach und nach zu einer abstrakten Instanz, die ihre umfassende, heile Gestalt verlor. Sie zurückzugewinnen, sie erneut in Lebensweisen und -zusammenhänge einzubetten, stellt einen Teil des spirituellen Weges dar. Er soll dem Mann bewußtmachen, daß das Unsinnliche, Denaturierte und Einseitige seiner Arbeitswelt ihm die Ganzheit seiner Gefühle, seiner Liebe, seiner Kreativität, seines Körperbewußtseins raubten und ihn zu einem Kopf- und Arbeitstier verkommen ließen.

Spiritualität, wie sie sich heute wieder anbahnt, und zwar auch »als eine körperfreundliche Disziplin, meint, daß wir unsere Eingliederung ins Weltganze auf die Weisheit unseres ganzen Organismus gründen wollen, nicht nur auf die Verstandesfunktion, die ihren Schwerpunkt in der linken Hirnhemisphäre hat. Der Verstand ist natürlich selbst *eine spirituelle Komponente, aber die ist zum Diener der eigenen Entäußerungen geworden. Materialismus bedeutet die Niederlage der lebendigen Arbeit, des lebendigen Geistes, und es hat bisher nichts genützt, einem der Quantität verfallenen Verstand philosophisch die Vernunft entgegenzusetzen, weil das diskursive Denken, wie es sich in unserer >westlichen< Kultur institutionalisiert hat, überhaupt zu blutleer und erosfern ist. Sie will alle Sinnlichkeit ins rationale, wissenschaftlich denkende Ich hinausdestillieren.«[4]*

Das Körperfreundliche dieser Disziplin hebt auch Walter Hollstein hervor. Er führt dazu aus: »Atemgymnastik, Tanz und Eurhythmie, autogenes Training, Yoga, überlieferte und neuere Formen von Organerfahrung sind einige der praktizierten und von der Alternativbewegung empfohlenen Möglichkeiten der Körpererfahrung. Der spirituelle Weg, der zur Versöhnung mit den anderen Männern, den Frauen, den Kindern, der natürlichen Umwelt und dem Kosmos führt.«[5]

Deshalb nimmt, nochmals gesagt, die spirituelle neue Definition des Mannes dort ihren Ausgang, wo Körperfreundlichkeit, Gefühlsbetontheit, dogmenlose Meditation, Betrachtung und Gestaltung von lebensbejahenden Verhältnissen gewollt und gewünscht werden. Oft schon sind neue Verhältnisse aus diesen Innenräumen hervorgegangen, weil sie irgendwann einmal anfingen, sich selber zu vervielfältigen, auszuformen und zu tragen.

Also nicht die technikverliebte, alles atomisierende Hinwendung zur Welt der Dinge und Objekte, sondern daseinsbejahende lebensfördernde Inhalte kennzeichnen den Aufbruch des spirituellen Mannes. Dies würde auch bedeuten, den unheilbaren Drang zu ordnen, die Welt in Rechteckiges, Uniformes, Überschaubares zu verwandeln, zu bremsen oder das Panorama ständiger Ablenkung, permanenter Beschäftigung sowie des zwanghaften Gierens nach Tätig-sein-Müssen einmal kritisch zu überprüfen, weil daraus der

4 R. Bahro: Logik der Rettung. Wer kann die Apokalypse aufhalten? Ein Versuch über die Grundlagen ökologischer Politik, Stuttgart/Wien 1987, S. 95.
5 W. Hollstein: Nicht Herrscher aber kräftig. Die Zukunft der Männer, Hamburg 1988, S. 204.

lebensmäßige Reichtum, die Phantasie oder die Augenblicke der Stille und Besinnung verbannt sind. Ein solcher Augenblick der Stille und des Innehaltens spiegelt sich in den folgenden Zeilen wider:

»Ich ließ mich auf dem Findling nieder, schloß die Augen, sog die würzig-klare Luft tief in meine Lungen ein und genoß es, allein zu sein. Ich nahm die Stille auf, spürte meinen Herzschlag und meinen Atem. Eine freundliche Helligkeit erfüllte mich. Ich fühlte mich schwerelos, so als hätte sich mein Körper aufgelöst. Ich glaubte in der Welt zu zerfließen; ein sanftes Glücksgefühl durchdrang mein Wesen wie ein warmer Strom. Ich öffnete die Augen und umschlang den Himmel und die Berge, die Wacholderbäume und den Habicht, der über mir kreiste. Ich war ein Teil von allem, fühlte mich offen und verletzlich und doch vollkommen geborgen in der Existenz.«[6]

Die im Mann angelegten Kräfte und Eigenschaften bleiben auf der Strecke bzw. haben nie eine Chance, zur Entfaltung zu gelangen, wenn er sich allein dem Sekundentakt vorbeiziehender Bilder, Eindrücke und Ablenkungen überläßt oder ruhelos vom Fernsehschirm zum Computerterminal, zur Illustrierten schweifend, spezialisiert in Wortbildung, Einordnung und mechanischem Denken seinen Alltag »gestaltet«.

Wie es in dem vorausgegangenen Zitat zum Ausdruck kam, hat er sich abgetrennt vom Selbst, vom »Kosmos« der Ganzheit bzw. eines andersgearteten, identischeren Lebens als diesem und fühlt sich infolge dieser Trennung gehetzt, gespalten und elend. Er verhält sich wie eine Biene im Honigtopf, die, in dem Maße, wie sie von der Süße des Honigs kostet, darin untergeht. Ist dieser Preis, nämlich Spielball gesellschaftlicher Verhältnisse und Mächte zu sein, gerechtfertigt? Gibt es das Panorama der großen und kleinen Fluchten, der Ablenkung und Zerstreuung zum Nulltarif? Wohl kaum! Abgesehen von den beschriebenen seelischen und körperlichen Konsequenzen, die er dabei zu gewärtigen hat, sollte nicht übersehen werden, welche Formen im Hinblick auf seine berufliche und soziale Situation daraus erwachsen. 60 Wochenstunden

6 J. A. Elten: Alles ganz easy in Santa Barbara. Wie ich das Ende der Rajneesh-Kommune in Oregon erlebte und was mir danach in Kalifornien widerfuhr, Hamburg 1990, S. 47.

Arbeitszeit sind, wie ich aus eigener Erfahrung weiß, bei einer großen Zahl von Männern keine Seltenheit – und zwar nicht allein, um sich wirtschaftlich abzusichern, sondern um allerlei Eitelkeiten oder Ansprüche zu finanzieren bzw. ihre Hyperaktivität, ihr Karriereverlangen und ihre Geldgier zu befriedigen. Von einer bewußten und selbstbestimmten Lebensführung kann, angesichts solcher Verhältnisse, kaum die Rede sein. Es scheint, als bewegten sich Männer in einer Art geschlossenem Regelkreis, oder sollte ich eher Circulus vitiosus sagen, aus dem sie nicht herauskönnen oder wollen, da angebliche »Sachzwänge« dies nicht zulassen. Einerseits fügen sie sich also nahtlos ein in die Aufspaltung zwischen privat und öffentlich, Freizeit und Beruf und zerstückeln dadurch ihr Leben zu Zwecken der wirtschaftlichen Absicherung bzw. der Wiederherstellung ihrer Arbeitskraft, andererseits erwächst aus dieser Haltung der verständliche Wunsch, der Fremdbestimmung zu entgehen und im Abschalten oder extremer Sucht nach Mobilität (Auto) Vergessen zu suchen und vermeintliche Freiräume auszukosten.

Selbstverständlich hat die bei Männern so häufig anzutreffende Arbeitswut zur Folge, daß sie leicht vergessen, wie man(n) liebt, wie man(n) genießt, Feste feiert, Freundschaften pflegt oder sich einfach einer stillen Besinnlichkeit überläßt. An ihre Stelle treten ungebremste Aktivität und zügelloses Tätigsein. Ein wirklicher Gewinn wird daraus nicht gezogen. Dabei drängt sich die Frage auf, warum sich Männer, zumeist freiwillig und oftmals ohne erkennbare Notwendigkeit, ohne ersichtlichen Sinn und Zweck, dieser blinden Hektik und Betriebsamkeit überantworten, warum sie sich täglich emsig irgendwelchen Ritualen oder Programmen unterwerfen und dabei nicht bedenken, daß es auch ein Leben vor dem Tode gibt. Sind es die so oft und unisono herbeiorakelten Sachzwänge, die sie vorantreiben? Ist es das Schielen auf den Nachbarn, ob dieser sich auch im Gleichschritt mit ihnen bewegt oder gar schon dabei ist, sie zu überflügeln? Müssen sie sich und ihresgleichen beweisen, daß sie bei diesem Rattenrennen die besten sind? Warum eigentlich tun sie nicht mehr und nicht häufiger, wozu sie wirklich Lust haben? Verbietet es ihnen die Gewohnheit, die Konvention, die öffentliche Meinung?

Ich denke, daß Männer von Kindesbeinen an wie Rennpferde dressiert wurden, bis sie eines Tages – gleichsam unter Hypnose – ganz von selbst, das heißt, ohne fremdes Dazutun, sich in den Strudel des beruflichen Alltags stürzen. Dort können sie dann ihr heroisches Gehabe, ihre phallischen Neigungen wie auf Autobahnen ausleben – immer scharf links am anderen vorbei. Denn schließlich will man(n) unter seinesgleichen nicht gerade das Schlußlicht sein, nicht an letzter Stelle in die Zielgerade einschwenken. Also heißt es mitmachen, nein, es noch besser machen.

Dabei weiß jeder Mann, daß nicht der höchste Gang seines Autos den stärksten Antrieb hat, sondern der niedrigste. Männer planen und agieren also, wie andere planen und agieren. Sie arbeiten, wie andere arbeiten – vielleicht immer noch ein wenig mehr. Sie jagen hinter ihrem Erfolg – oder dem vermeintlichen – her, hokken in den Startlöchern für irgendwelche Beförderungen und Verbesserungen ihrer beruflichen Positionen, wo auch schon andere hocken – alle im Gleichklang, alle im Gleichschritt. So zu handeln bedeutet, sich einer hektischen Uhrwerkswelt und der Herrschaft von Zeit und Geld zu unterwerfen, oder den größten Teil des unbefriedigten Alltags so gut es geht auszublenden, um von Wochenende zu Wochenende, von Urlaub zu Urlaub zu leben. In diesen wenigen Tagen des Jahres – so die allgemeine Auffassung – muß sich nun all das ereignen, auf das man(n) ansonsten verzichtet. Die Zwischenzeit zählt nicht, da sie mit Pflicht, Arbeit und Geldverdienen ausgefüllt ist, wobei letzteres, nochmals gesagt, ja nicht allein der materiellen Absicherung dient, sondern zugleich auch als finanzielle Grundlage für allerlei Fluchtbewegungen herhalten muß. Der Augenblick, das Hier und Jetzt, ein Verweilen in der Situation, die Ruhe, die Präsenz mit allen Sinnen hat dagegen keine Bedeutung bzw. stößt auf Unverständnis und Kopfschütteln. Allein die Zukunft, der Lust und Abwechslung versprechende Moment zählt. Ein Leben im Strom solcher Verhältnisse zu führen ist nicht Sache des spirituellen Mannes, kann es nicht sein.

Denn ich sagte schon an früherer Stelle, daß zum spirituellen Mann der Wunsch nach jenen wachstums- und lebensfördernden Aktivitäten gehört, wie man(n) sie eher von Frauen her kennt. Dazu würden beispielsweise die fortschreitenden Verwirklichungen von in ihm angelegten Möglichkeiten, Fähigkeiten oder Berufungen zählen, die aus der Kenntnis der eigenen, inneren Natur, der Einheit und Integration innerhalb der Person erwachsen.

Dazu würden auch solche Attribute zählen wie: Fortschreitende Akzeptierung seiner selbst, der anderen und der Natur, zunehmende Spontanität, Autonomie und Resistenz gegen nachteilige gesellschaftliche Einflüsse, größerer Reichtum der emotionalen Reaktionen, verbesserte zwischenmenschliche Beziehungen, demokratisches Verhalten, zunehmende Kreativität, Wandlungen im Wertsystem.[7]

Das heißt: Weder die total technikverliebte Welt der Dinge und Sachen noch die Flucht in sinnentleerende aufwendige Aktivitäten, wie hier einige genannt wurden, entsprechen dem Weg, den der spirituelle Mann wählt. Seine Zielsetzungen zeichnen sich hingegen dadurch aus, daß er, soweit es geht, im Gegensatz zu diesen Milieus, im Gegensatz zu den herrschenden Verhältnissen der Männersysteme und -konventionen lebt. Er bekennt sich zum Sein und weniger zum Haben, wie es Erich Fromm ausdrückt. Die Voraussetzungen für die Existenzweise des Seins aber sind Unabhängigkeit, Freiheit und das Vorhandensein kritischer Vernunft – insbesondere jedoch Aktivität – allerdings nicht im Sinne der oben beschriebenen Geschäftigkeit, sondern im Verständnis einer inneren Tätigkeit, eines produktiven Gebrauchs menschlicher Kräfte. Ähnlich wie bei Maslow gilt auch für Fromm – hier bezogen auf die Lebensgestaltung des spirituellen Mannes – die Talente und Anlagen, den Reichtum und die Vielfalt an männlich-menschlichen Eigenschaften und Gaben zu entwickeln und ihnen Ausdruck zu verleihen. Dafür muß der Mann auf die Suche bei sich selbst gehen und sowohl eine intellektuelle als auch emotional-redliche Überprüfung seiner Mittel, Möglichkeiten und Absichten vornehmen.

In letzter Konsequenz läuft ein solches Tun darauf hinaus, »sich selbst zu erneuern, zu wachsen, sich zu verströmen, zu lieben, das Gefängnis des eigenen isolierten Ichs zu transzendieren, sich zu

7 Vergl. hierzu A. H. Maslow: Psychologie des Seins. Ein Entwurf, München 1973, S. 41.

interessieren, zu lauschen, zu geben. Keine dieser Erfahrungen ist
jedoch vollständig in Worten wiederzugeben. Worte sind Gefäße, die
wir mit Erlebnissen füllen, doch diese quellen über das Gefäß hinaus.
Worte weisen auf Erleben hin, sie sind nicht mit diesem identisch ...
Nur in dem Maße, in dem wir die Existenzweise des Habens bzw.
des Nichtseins abbauen (das heißt aufhören, Sicherheit und Identität
zu suchen, indem wir uns an das anklammern, was wir haben, indem
wir es ›be-sitzen‹, indem wir an unserem Ich und unserem Besitz
festhalten), kann die Existenzweise des Seins durchbrechen. Um zu
›sein‹, müssen wir unsere Egozentrik und Selbstsucht aufgeben bzw.
uns ›arm‹ und ›leer‹ machen, wie es die Mystiker oft ausdrücken.«[8]

Freilich, der Mehrzahl der Männer – ich schließe mich nicht aus – fällt es gewiß nicht leicht, die Haben-Orientierung zugunsten einer Seins-Orientierung aufzugeben, weil mit derartigen Umwertungen nahezu unauflöslich die Angst verbunden ist, sich auf eine Rechnung mit zahlreichen Unbekannten einzulassen und auf Sicherheiten, Gewohnheiten oder Vertrautheiten verzichten zu müssen. Doch sowenig ermutigend dies zunächst auch klingen mag; erst wenn die Prothesen des alles beherrschenden Besitzes, der Gewohnheit, der Routine und falschen Vertrautheit beiseite gelegt worden sind, lernt man(n) aus eigener Kraft zu gehen. Leider verhält es sich in der überwiegenden Zahl der Fälle jedoch so, daß primär Besitz, berufliches Prestige und ähnliche Männereigenschaften Sinn geben, stützen und stabilisieren. Die Gelegenheit, einen Teil dieses Ballastes abzuwerfen, kommt Männern kaum in den Sinn. Sie halten am Haben fest. Dieses aber verringert sich erfahrungsgemäß durch seinen Gebrauch. Es nutzt ab, wird alt, verfällt und muß, angesichts wechselnder Trends, Moden und Geschmäkker, ständig erneuert bzw. ausgetauscht werden. Das Haben treibt zwar Produktionsziffern in die Höhe und sichert auch den Produzenten satte Gewinne, ist aber angesichts eines ins Irrationale gesteigerten Konsums und seiner verheerenden ökologischen Folgen nicht länger mehr hinzunehmen.

8 E. Fromm: Haben oder Sein. Die seelischen Grundlagen der neuen Gesellschaft, Stuttgart 1976, S. 91.

Das Sein hingegen, die spirituelle Ausrichtung des Mannes und seines Lebensentwurfes, wird durch seinen »Gebrauch« nicht verringert, sondern nimmt in der Praxis zu. Fromm stellt dazu fest:

»Die Kräfte der Vernunft, der Liebe des künstlerischen und intellektuellen Schaffens – alle wesenseigenen Kräfte wachsen, indem man sie ausübt. Was man gibt, verliert man nicht, sondern im Gegenteil, man verliert, was man festhält. In der Existenzweise des Seins liegt die einzige Bedrohung meiner Sicherheit in mir selbst: Im mangelnden Glauben an das Leben und an meine produktiven Kräfte, in regressiven Tendenzen, in innerer Faulheit, in der Bereitschaft, andere über mein Leben bestimmen zu lassen. Aber diese Gefahren gehören nicht notwendig zum Sein, wohingegen die Gefahr des Verlustes dem Haben innewohnt.«[9]

Männer, die sich auf Wachstum und Veränderung, auf Erweiterung ihres geistigen, sozialen und emotionalen Horizontes einlassen, Männer also, die die Versöhnung mit der Natur in sich und außerhalb ihrer selbst suchen, die ihre lebensbejahenden Kräfte erkennen und bereit sind, auf die Reproduktion, Fort- und Festschreibung maskuliner Systeme zu verzichten, die sich von der Gewalt gegenüber Menschen und allem Lebendigen abwenden und sich anstelle dessen für Größeres, ihre Männlichkeit transzendierendes Denken und Handeln einsetzen, nenne ich spirituelle Männer. Oder mit Rodrigo Jokisch ausgedrückt:

»Der Begriff ›spiritueller Mann‹ bedeutet für mich eine wesentliche Ausweitung des soziologischen, psychologischen und biologischen Männerbildes, er spricht gerade die Seite an, die die Wissenschaft in ihrer Bemühung um den Mann verschweigt: ›Mann-Werden‹ ist letztendlich eine Frage nach dem Sinn des männlichen Lebens. ›Mann-Werden‹ ist für mich eine Angelegenheit des Bewußtseins, wobei der Begriff ›Bewußtsein‹ hier sehr weit gefaßt werden muß und vielleicht am besten mit Wachheit zu symbolisieren ist … ›Mann-Werden‹ setzt für mich voraus, daß ein Mann sich überhaupt darum bemüht, Mann zu werden, daß dieser Mann sich über sein ›Mann-Sein‹ Gedanken macht, es nicht einfach als gegeben hinnimmt.

9 Ebenda, S. 111.

›Mann-Werden‹ heißt für mich also, daß man sich tief in seine Welten als Mann hineinbegibt.«[10]

Dieser Art Mann galten die angestellten Überlegungen.

10 R. Jokisch: Mann-Sein. Identitätskrise und Rollenfindung des Mannes in der heutigen Zeit, Reinbek 1982, S. 201.

Schluß

>»Wenn du hervorbringst, was in dir ist, wird das,
was du hervorbringst, dich retten.
Wenn du nicht hervorbringst, was in dir ist,
wird das, was du nicht hervorbringst, dich zerstören.«

Unbekannt

Der Gang der Überlegungen, Analysen und Darstellungen findet
hiermit seinen Abschluß. Ich registriere diesen Abschluß sowohl
mit einem gewissen Bedauern als auch mit Zufriedenheit. Meine
Zufriedenheit erwächst aus dem Umstand, daß mich mein Anliegen befähigt hat, mir inzwischen weitaus mehr Rechenschaft über
das Mann-Sein im allgemeinen, mein Mann-Sein im besonderen
ablegen zu können, als dies noch zu Beginn meiner Schreibübungen der Fall war. Das Bedauern hingegen speist sich aus der Tatsache, daß ich dieses, für mich äußerst spannende und anregende
Thema zunächst als beendet betrachte – jedenfalls in dem vorliegenden Rahmen, in dem ich die männliche Schablone, das bis zum
heutigen Tag vorherrschende, ungetrübte männliche Selbstverständnis einer kritischen Sichtung unterziehen wollte. Ich hoffe,
dabei nicht den Eindruck erweckt zu haben, daß ich sowohl meine
Geschlechtsgenossen als auch mich als abnorm oder krank kenn-
zeichnete bzw. beschrieb. Trotzdem wurde mir im Verlauf der sy-
stematischen Durcharbeitung der einzelnen Kapitel sehr viel klarer, wieviel Banalität und Destruktivität in dem gewöhnlichen Verhalten des Mannes stecken können – eine mehr als ernüchternde
Bilanz.

Ich habe dabei einen Teil meiner eigenen Lebensgeschichte
preisgegeben. Diese Lebensgeschichte, die sozusagen eine Art
Deutungsfolie darstellte, erschien mir für das Verstehen von Männern und meinem Mannsein geeigneter, als eine nur beschreibende
oder analysierende Darstellung.

Der Mut, so zu verfahren, erwuchs aus der Einsicht und Überzeugung, daß Männer, die ihr Leben besser verstehen gelernt haben bzw. sich um ein derartiges Verständnis bemühen, mit ihren
Gefühlen, Wünschen und Sehnsüchten, aber auch mit ihren Festlegungen und Unfertigkeiten eher ins reine kommen als solche, die
nur, wenn überhaupt, mit der Stange im Nebel herumstochern
oder sich abfällig über soviel Psychologismus äußern. Männer
nämlich, die ein Gespür für die eigenen Verletzungen und Ver-
wundungen zeigen, die ihnen irgendwann einmal zugefügt wurden
bzw. die sie sich selber zufügen und diese nicht hinter einer Fassade von Machismus verbergen, erkennen für gewöhnlich früher
und genauer, was sie anderen zumuten – zumindest ist das meine
Hoffnung. Denn die Erfahrung eigenen Leidens oder Ungenügens
befähigt mitunter zu der Kunst, mitzuleiden oder andere besser zu
verstehen bzw. zu tolerieren. Ob es insgesamt gesehen bei den
Selbstdarstellungen und Interpretationen zum Wiedererkennen,
zu Identifikationen von seiten männlicher Leser kommt, wird natürlich für mich weitgehend unbeantwortet bleiben. Dennoch
hoffe ich, auch diesen Zweck erreicht zu haben – zum Teil jedenfalls.

Aber auch mögliche harsche Kritik, die unter Umständen sogar
schroffe Zurückweisung meines Vorhabens oder die sowohl be-
rechtigten als auch unberechtigten, die begründeten und unbe-
gründeten Widerstände, auf die meine Aussagen stoßen werden,
wären mir ein Beweis dafür, daß mein Anliegen »herübergebracht«
werden konnte, daß meine »Botschaft« nicht ungehört blieb. Die
möglichen Gegensätze, die infolge eines solchen Textes aufbre-
chen, erscheinen mir nämlich nicht ungewöhnlich zu sein für ein
Thema wie dieses. Mit anderen Worten: Wer Anstöße zu geben
versucht, der ist zugleich auch anstößig. Ich nehme das in Kauf.
Denn es wäre aufs Ganze gesehen vermessen, von einer weitestge-
henden Übereinstimmung oder Zustimmung bei der Darstellung
der Inhalte durch Leserinnen und Leser ausgehen zu wollen.

Nicht unerwähnt lassen möchte ich aber auch, daß manches
Mal der Wunsch der Vater des Gedankens war, wenn es darum
ging, aus den Verstrickungen, Fesselungen und Prägungen des
Mannes heraus den Schluß zu ziehen, es bedürfe nur der Erkennt-

nis und des Wissens, um die Utopie und Vision eines reiferen, entwickelteren Mannseins einzulösen oder aber um Veränderungen bzw. Wachstum in die Wege zu leiten – und zwar nach dem Motto: Einsicht ist der erste Schritt zur Besserung. Daran ist gewiß etwas Wahres. Doch ich weiß, wie schwer es ist, sich der Haut zu entledigen, in der man(n) schon Jahrzehnte steckt bzw. welche Anstrengung notwendig ist, die sich anbahnende Sensibilisierung für ein anderes als das herkömmliche Mannsein in die Tat umzusetzen. Damit möchte ich niemanden entmutigen. Doch rate ich zu einem langen Atem. Auf die magischen Wirkungen von Worten zu bauen – und seien sie noch so wohlfeil – mag für einen Augenblick betören. Nur: Der männliche Alltag hat seine eigenen Gesetzlichkeiten und Zwänge, an denen oft genug die gebetsmühlenhaften, in Sprache gegossenen Absichten zerbrechen. Nicht länger mehr über sexistische Witze zu lachen, Frauen diskriminierende Äußerungen und Einstellungen (gerade die subtilen) zu vermeiden, weder sprachliche und schon gar nicht körperliche Gewalt zur Anwendung zu bringen, rücksichtsvoller mit sich selbst umzugehen, den zahlreichen zerstörerischen Neigungen Einhalt zu gebieten, den Auswüchsen technischer Faszination abzuschwören oder, allgemein gesehen, Abstand zu nehmen von Herrschafts- und Dominanzansprüchen usw., bedarf also einer stetigen Wachheit und Aufmerksamkeit. Empfindsamer zu werden für diese Herausforderung ist ein Prozeß und wird sich demzufolge nicht als eine ungebrochene Aufwärtsentwicklung zu den lichten Höhen der Geschlechterfreundschaft herausstellen, sondern als ein mühseliger Weg.

Dieser Weg ist ein zweifacher – nämlich ein individueller und ein gesellschaftlicher – wobei es eigentlich keiner gesonderten Erwähnung bedarf, daß beide aufs engste miteinander verknüpft sind und sich wechselseitig beeinflussen. Die gesellschaftliche Alternative sollte dabei ein Garant für eine menschlichere Zukunft sein – und zwar eine Zukunft, in der weibliche Elemente der Lebensauffassung und -gestaltung zumindest gleichberechtigt neben denen der Männer stehen. Ja, ich könnte mir hier auch eine größere Gewichtung zugunsten der Frauen vorstellen. Beide Alternativen bedeuten für den Mann, daß er sein Alltagshandeln dahingehend überprüfen muß, inwieweit dieses noch durchtränkt ist von seiner geschlechts- und rollenspezifischen Verfremdung, inwieweit es nach wie vor, trotz aller Emanzipationsdebatten, trotz aller Quotenregelungen usw. sich immer noch an phallokratischen Mustern und Gewohnheiten orientiert. Im Zuge der angestrebten Veränderung sollte zudem vermieden werden, daß sich Männer erneut der Dienstleistungen der Frauen versichern, so wie sie beispielsweise lieben lassen, anstatt die Kultur des Liebens selber zu entfalten. Einem derartigen Nutzungsverhältnis gegenüber müssen Frauen sich im großen und ganzen sperren, weil es mehr als fragwürdig ist, ob sie den Männern dabei tatsächlich einen Gefallen tun und ihnen helfen, sich selber zu entwickeln.

Wenn es um Gefühlswahrheiten geht, können Männer erstaunlich parasitär sein. Diese Gefühlswahrheiten herauszufinden, ist ihre zeitgemäße Aufgabe. Dazu gehört auch, sich von der Trägheit des Erkennens und der Unlust, unbekannte, womöglich ängstigende Erfahrungen zu machen, zu trennen. Denn das Verharren in der Entfremdung gegenüber ihren Gefühlen, ihrem Körper, ihrer Natur und der Natur außerhalb von ihnen blockiert den Prozeß des Lernens, der Neugier und hält sie in selbstverschuldeter Unmündigkeit gefangen. Sie bleiben die, die sie sind: Männer, in einem ganz und gar herkömmlichen Sinne.

Literaturverzeichnis

Badinter, Elisabeth: Ich bin du. Die neue Beziehung zwischen Mann und Frau oder die androgyne Revolution, München 1988.

Bahro, Rudolf: Logik der Rettung. Wer kann die Apokalypse aufhalten? Ein Versuch über die Grundlagen ökologischer Politik, Stuttgart/Wien 1987.

Baker-Miller, Jean: Die Stärke weiblicher Schwäche. Zu einem neuen Verständnis der Frau, Frankfurt a. M. 1979.

Barz, Helmut: Männersache. Kritischer Beifall für den Feminismus, Zürich 1987.

de Beauvoir, Simone: Das andere Geschlecht. Sitte und Sexus der Frau, Reinbek 1968.

Benard, Cheryl/Edit Schlaffer: Viel erlebt und nichts begriffen. Die Männer und die Frauenbewegung, Reinbek 1985.

Benard, Cheryl/Edit Schlaffer: Laßt endlich die Männer in Ruhe. Wie man sie weniger und sich selbst mehr liebt, Reinbek 1990.

Benard, Cheryl/Edit Schlaffer: Männer. Eine Gebrauchsanweisung für Frauen, Reinbek 1988.

Bodamer, Joachim: Der Mann von heute. Seine Gestalt und Psychologie, Freiburg/München 1964.

Bode, Peter M./Sylvia Hamberger/Wolfgang Zängel (Hrsg.): Alptraum Auto. Eine hundertjährige Erfindung und ihre Folgen, München 1986.

Bornemann, Ernest: Das Patriarchat – Ursprung und Zukunft unseres Gesellschaftssystems, Frankfurt a. M. 1979.

Bundesminister für Umwelt, Naturschutz und Reaktorsicherheit (Hrsg.): Was sie schon immer über Auto und Umwelt wissen wollten, Stuttgart/Berlin/Köln/Mainz 1987.

Dowling, Colette: Der Cinderella-Komplex. Die heimliche Angst der Frauen vor der Unabhängigkeit, Frankfurt a. M. 1984.

Elten, Jörg Andreés: Alles ganz easy in Santa Barbara. Wie ich das Ende der Rajneesh-Kommune in Oregon erlebte und was mir danach in Kalifornien widerfuhr, Hamburg 1990.

Falconnet, Georges / Nadine Lefaucheur: Wie ein Mann gemacht wird, Berlin 1977.

Franks, Helen: Good-bye Tarzan. Der endgültige Abschied vom Macho-Mann, Düsseldorf / Wien 1986.

French, Marylin: Jenseits der Macht. Frauen, Männer und Moral, Reinbek 1988.

Fromm, Erich: Haben oder Sein. Die seelischen Grundlagen der neuen Gesellschaft, Stuttgart 1976.

Goldberg, Herb: Der verunsicherte Mann. Wege zu einer neuen Identität aus psychotherapeutischer Sicht, Düsseldorf / Köln 1976.

Gruen, Arno: Der Verrat am Selbst. Die Angst vor Autonomie bei Mann und Frau, München 1986.

Hacker, Friedrich: Terror – Mythos – Realität – Analyse, Wien / München / Zürich 1973.

Heidegger, Martin: Unterwegs zur Sprache, Tübingen 1959.

Hollstein, Walter: Nicht Herrscher aber kräftig. Die Zukunft des Mannes, Reinbek 1988.

Jokisch, Rodrigo: Mann-Sein. Identitätskrise und Rollenfindung des Mannes in der heutigen Zeit, Reinbek 1982.

Jünger, Ernst: Kampf als inneres Erlebnis. Hier zitiert nach K. Theweleit: Männerphantasien – Frauen, Fluten, Körper, Geschichte, Bd. 2, Frankfurt a. M. 1977.

Kloehn, Ekkehard: Typisch weiblich – typisch männlich? Geschlechterkrise oder ein neues Verständnis von Mann und Frau, Hamburg 1986.

Körner, Wolfgang: Meine Frau ist gegangen. Verlassene Männer erzählen, Frankfurt a. M. 1979.

Lauster, Peter: Die sieben Irrtümer der Männer, Reinbek 1989.

Lazarre, Jean: Über die Liebe zu Männern – ich bin eine Feministin, ich habe Männer gefürchtet und gehaßt und doch immer Männer geliebt, Reinbek 1983.

Lowen, Alexander: Der Verrat am Körper. Der bioenergetische Weg, die verlorene Harmonie zwischen Körper und Psyche wiederzugewinnen, Reinbek 1982.

Maslow, Abraham H.: Psychologie des Seins. Ein Entwurf, München 1973.

Mead, Margaret: Mann und Weib. Das Verhältnis der Geschlechter in einer sich wandelnden Welt, Reinbek 1958.

Merchant, Carolyn: Der Tod der Natur. Ökologie, Frauen und die neuzeitliche Naturwissenschaft, München 1987.

Metz-Göckel, Sigrid / Ursula Müller: Der Mann – die Brigitte. Studie, Basel 1986.

Norwood, Robin: Wenn Frauen zu sehr lieben. Die heimliche Sucht, gebraucht zu werden, Reinbek 1986.

Petersen, Karin: Ich will nicht mehr von dir, als du mir geben magst, Reinbek 1983.

Pilgrim, Volker Elis: Muttersöhne, Reinbek 1989.

Pilgrim, Volker Elis: Der verunsicherte Mann, Weinheim 1976.

Pross, Helge: Die Männer. Eine repräsentative Untersuchung über Selbstbilder von Männern und ihre Bilder von der Frau, Reinbek 1978.

Richter, Horst Eberhard: Lernziel Solidarität, Reinbek 1974.

Schmidtbauer, Wolfgang: Körper. Zitiert nach H. Bonorden (Hrsg.): Was ist los mit den Männern? Stichworte zu einem neuen Selbstverständnis, München 1985.

Schmidtbauer, Wolfgang: Seelische Hausarbeit. Gedanken zu den männlichen Spaltungen und ihrer Überwindung, in: Mann-sein, Identitätskrise und Rollenfindung des Mannes in der heutigen Zeit, Reinbek 1982.

Schopenhauer, Arthur: Aphorismen zur Lebensweisheit, Augsburg 1983.

Stefan, Verena: Häutungen. Autobiografische Aufzeichnungen, Gedichte, Träume, Analysen, o. O. u. J.

Thürmer-Rohr, Christina: Mittäterschaft und Entdeckungslust, Berlin 1989.

Trömel-Plötz, Senta (Hrsg.): Gewalt durch Sprache. Die Vergewaltigung von Frauen in Gesprächen, Frankfurt a. M. 1989.

Trömel-Plötz, Senta: Frauensprache – Sprache der Veränderung, Frankfurt a. M. 1982.

Wieck, Wilfried: Männer lassen lieben. Die Sucht nach der Frau, Stuttgart 1987.

Zilbergeld, Bernie: Männliche Sexualität. Was nicht alle schon immer über Männer wußten. Forum für Verhaltenstherapie und psychosoziale Praxis, Bd. 5, Tübingen 1983.

Inhalt

Irene Dölling
Der Mensch und sein Weib

Frauen- und Männerbilder
Geschichtliche Ursprünge
und Perspektiven

252 Seiten, 161, zum Teil farbige Abbildungen
Pappband / Schutzumschlag
DM 48,00
ISBN 3-320-01579-6

Eva verführt Adam im Bunde mit der Schlange. Evas
Macht über Adam beruht auf ihrer Sexualität. SIE ist
auf das Praktische orientiert. ER bündelt all seine
Energie auf die Erkenntnis dessen, »was die Welt im
Innersten zusammenhält«. Er hat den Überblick!
Warum diese stereotypen Vorstellungen von »Weiblichkeit« und »Männlichkeit« entstanden sind, welche Veränderungen sie seit »Adams und Evas Zeiten« erfahren haben, warum sie heute noch wirksam
sind und wie sie sich auf Bildern unterschiedlichster
Art in verschiedenen Jahrhunderten wiederfinden, ist
Gegenstand dieses anregenden, anspruchsvollen und
zugleich vergnüglichen Buches.

Dietz Verlag Berlin GmbH

Wallstraße 76–79
O-1020 Berlin